창조문학대표시인선 312

사랑해도 되나요

이영지 시집

창조문학

□ 시인의 말
그대의 말씀함

   시집 제목을 '사랑해도 되나요'라 하였습니다. 영의 바람이 말씀함에 들어있어서 그 은혜에 감읍하여 온갖 힘을 다하여 그대를 향하여 '사랑해도 되나요'라 하였습니다. 문학적 표현입니다.
   이 시집의 특징은 저의 책 『우리 시조문학의 마방진 미학』에서 제기한 시조운율에 맞춘 이론을 실행하는 시집입니다. 한국의 보물 중 하나 대한민국에만 있는 한국문학시조작품의 운율, 음수율의 정형 율 초장 3·4·3·4의 14자와 중장 3·4·3·4의 14자와 종장 장 3·5·4·3의 15자를 합한 43자 이론에 따른 작품실천의 장입니다.
   지난번 이론서에서 밝힌 대로 시조 한편 43자가 만드는 전통율은 사람의 오묘한 숨쉬기 일평생 리듬 3·4로 시작하여 4·3으로 끝나는 리듬입니다. 시조작품의 처음 초장의 3자와 종장의 끝 3자를 똑같은 음수율 리듬으로 하면서 이 오묘한 리듬은 신비한 영의 바람이 이루어지는 리듬입니다. 시조작품이 가지는 한 편의 43마방진은 시조 한 편의 논리를 실행으로 옮기는 리듬입니다.
   시조문학 리듬은 3으로 시작 3·4·3·4·3·4·3·4·3·5·4·3의 흐름을 지닙니다. 끝도 3 숫자로 끝나는 법칙입니다. 시작 3·4로 시작 그 끝이 4·3으로 끝납니다. 이 이어짐 리듬은 우연하게 생긴 게 아니고 예약된 리듬입니다.

3 → 4 → 3 → 4 → 3 → 4 → 3 → 4 → 3 → 5 → 4 → 3 입니다. 이음 조건입니다. 천부경에서 3과 4의 관계를 運三四라하였습니다. 三을 운전하여 四가되는 아주 자연스러운 흐름이 발견됩니다. 시가 가지는 가장 아름다운 3 리듬으로 시작하여 시인 각자 삶의 다양함 곧 4의 리듬반복입니다. 아름다운 인생 살기의 3의 리듬으로 시작하고 각가지의 일상 내용의 四입니다. 이에 시조작품의 진가는 한 작품 안에 한 사람의 생애 리듬입니다. 인생의 아름다움을 몸으로 설명하는 하나님의 오묘한 마방진 리듬입니다. 열심히 살다가 아름답게 끝나라는 사명이 기록되는 의미 리듬입니다.

  이 시집의 내용들은 문학모임에서 주제로 주어진 것들을 소화하려 고심하면서 얻은 작품들입니다. 나날이 일어나며 나날이 잠자리에 드는 연속적인 실타래에 땀 흘린 열매이기를 희망합니다.

  하늘을 우러르며 우리들 사는 세상 밝게 해 주시기에 몸 둘 바 모르오며 더 많이 행복해 하는 우리 되게 하소서

이영지 2025년

사랑해도 되나요
이영지 시집

| 차 례 |

□ 그리운 푸르름이

1부 그리운 푸르름이

푸르른 그리움이 11
설야 12
설날 아침 13
봉황새 청지기 14
볼웃음 15
알밤 16
동백꽃 17
하 예뻐 18
장미연서 19
말하다 20
내 여인 21
목련 22
사랑 콩 23
시작 24
정말로 사랑하면 25
꽃이 되었어요 26
넌 나의 하얀 운명 27
물 우산 28
별을 보다 29
봄비 30

사랑해도 되나요
이영지 시집

2부 사랑해도 되나요

초록물결 하 아파 사랑하는 이여 33
거듭나라 34
사슴 35
눈물 36
바람을 읽어가느라 37
사랑해도 되나요 38
용서 39
뜨거운 가슴이 돋으실거예요 40
예뻐지는 비결 41
보고파 미치다 42
장미연서 43
오르기 44
나비날개 45
청지기 46
꿈꾸듯 47
물고기와 강물 48
아파트 사시나요 49
사랑을 아부하시는 50
사랑하냐 자꾸 물으심 51
우리 선생님 52
비 꽃 53
꽃을 굽는다 54
여름은 워낙 55
불빛의 태극기 56
그대를 만나느라 57

사랑해도 되나요
이영지 시집

3부 하아얀

하아얀 61
그대 62
울다 뚝 63
위 64
모른다고요 65
주춤주춤 68
물위에 올라앉은 빛 69
언제나 말하고 싶어 70
언제나 하늘에서 뜨길 레 71
귀뚜라미 두께 72
여름이 떠나가기 73
꽃 밥 74
꽃 뿌리 75
동그란 가슴깊이 76
기다림 77
가을이 깊다 78
한가위 79
비누 내음 80
하야아안 행복 81

◇ 이영지 기독교시학 82
 * 삶의 황금율… 82
 * 장미와 앵두의 기독교 시학… 94
 * 현대시조의 서정성… 161

1부
푸르른 그리움이

푸르른 그리움이

저에겐 유일하게
당신을 닮아있는
나무의 뒷모습과
꼬리의 그리움에
기쁨을 거울로 삼아
나를 께요
지금 곧

거울로 삼아두면
등 아래 꿈이 적혀
마음이 거울 되는
푸르른 그리움이
꼬리 잎을 달아요

설야:

당신이 오십니까
밤에만 오십니까
칠흑의 어두움을 하얗게 밝히시고
하늘의 하얀 꿈 소식 오십니까
날 찾아

밤도와 내립니까
꿈으로 오시더니 정말로 오십니까
하얀 밤 만드시고
하늘이 사랑한다며 오십니까
이 밤에

설날 아침

흰 눈이 소록소록 손으로 설날아침
오묘한 당신만이 내게로 오는 날은
요정의 천사들 날 개 설빔으로 건넨다

백합화 양손으로 상큼이 안아들고
나에게 맵디매운 열 내림 뿌리는 날
하얀 설 하늘의 이슬 은 바다로 내린다

하얀 꽃 송이송이 비추는 하얀 햇살
햇살을 쬐고 앉은 까치의 하얀 햇살
햇살이 부스러기로 깡충깡충 내린다

눈 신에 하얀 마음 얹혀서 그대 따라
하늘이 하늘하늘 춤춰요 하늘하늘
벵그을 베에엥그을 나를 안아 주셔요

봉황새 청지기

거기서 여기까지 정말로 불러보아
당신의 눈동자에 내가 떠 오르느라
날개가 넘실거리는
청지기다
봉황새

부름의 길목에서
옷깃을 여미느라 긴 날의 꽃같만을
두르고 두 볼을 감싸
청지기다
봉황새

입술로 대답하며
내 아미 볼 숙이며
이 푸른 반석위로 흐르는 이 아침에
조용히 파랑깃대로
청지기다
봉황새

볼웃음

볼그레
볼웃음이
저절로 나오는 날
온 들은 나에게로 날 위해 손짓하고
새로운 날개를 달아
살아 라고
알린다

알밤

진갈색 외투로다
연갈색 속옷입고
겹겹이 예의차려 건강히 찾아오셔
진갈색 외투 벗으면 되겠느냐
물으샤

그러죠
벗으시죠 그리고 또 벗으셔
새하얀 속살보인 알밤이 도그르르
입안에
오독오도독
그럼그럼
좋으샤

동백꽃

섬이야
삼월의 섬
동백꽃 덩어리야
그 파란 숨을 내 쉰
숨결이 예까지 와
꽃망울 터트리어서 꽃잎 붉은
소릴 내

봄이야
보고 싶음
하늘덩어리야
열리는 하늘자락
숨결이 예까지 와
봄 속을 터트리어서 꽃잎 붉은
소릴 내

숨소리
터널이야
목마름 덩어리야
새 봄의 하늘눈썹
숨결이 예까지 와
동백꽃 머리 기름의 기다림을
뿜어내

하 예뻐

두 뺨이 방긋 방긋
내꼽은 사르사르

마음이 달아올라
햇빛이 반짝반짝

알맞게 아름드리로
솟아나는 내 사랑

머릿결 찰랑이며
긴 목에 흘러내려

두둥실 팔랑이며
능선을 넘어 오는
내 여인 나를 믿으니
예뻐예뻐 내 사랑

- 아가서 6-8

말하다

그대가
말씀함에
말을 해도 되나요 모아 둔 날

봄 나무 가지들이
봄바람 입술 들고
햇빛이
밝아
오
와요
보 봄 보 봄
말하다

오
얼른
나도 나도
나도향 들고 가며
쏘오옥 새싹날개
새파란 봄피리로
햇살을 튕겨가면서
달콤달콤
말하다

웃는다

해는 늘 웃는다
너무 가까이서 웃어주면
웃음이
탈까봐
머얼리 그래 그렇게
햇살로 느을 웃는다

아침 햇살이
눈부신 햇살이
한줄기 햇살이 늘 웃는다
나에게 웃는다

장미도 웃는다
이상은 장미를 착착접힌 귀라 했다
해바라기는 늘 해를 바란다
아주 작은 씀바귀 꽃도 늘 웃는다
봉숭아꽃은 물드는 꽃으로 웃는다
나는 물드는 웃음을 올려놓고 늘 웃는다
물드는 꽃으로 웃는다

내 여인

두 뺨이 방긋방긋
내꼽은 사르사르
마음이 달아올라
햇빛이 반짝반짝
알맞게 아람드리로
솟아나는 내사랑

머릿결 찰랑이며
긴 목에 흘러내려
두둥실 팔랑이며
동산을 넘어오는
내 여인 나를 믿으니
예뻐예뻐 내 사랑

목련

목
련
이
봄을 안고
나무에 달리는 날
하늘이 목련에게 나를 봐
맨몸으로 하얗게 가슴 떨리다
하 늘 닿 다
울
다
울

　　　　　-사순절에

사랑 콩

사랑이 상큼상큼 다가 와 사랑 콩이 콩 콩 콩 열린 날에 십이월 이십사일 사랑 콩 서로 서로를 반반으로 나눠 콩

주머니 속 속 깊이 사랑을 콩 넣었네 사랑이 미리미리 일 미리 피는 날에 온 콩 콩 내리는 날에 눈이 콩 콩 콩

사랑이 일 미리 하늘 아래 땅 위에 그 사이에 늘어나 그 안에 콩, 오마나 사랑이 콩 콩 열린 날에 사랑 콩

사랑의 미립자가 일 미리 미리미리 사랑이 부쩍부쩍 늘어나 사랑이 콩 콩콩콩 열리는 날에 가슴 콩콩 사랑 콩

하늘이 하얀 눈을 내리나 내리나 아 그대가 사랑 콩 콩 내리나 아 하얀 눈 콩 콩 내리는 가슴 콩 콩 사랑 콩

시작

새파란 하늘 창의 베개를 준비하면
쪼코렛 동그라미 음성이
동동 내려 빨갛게
가슴 가운데
달아준다
사랑
중
사
랑의
발소리를
듣고야 자라나는
감나무 곁에 서서 밤낮을
함께하다 하늘을 닮아서 익는 동그라미 음성 중

정말로 사랑하면

정말로
사랑하면
당신의 눈동자에
내가 떠 오른다기
오늘도 당신만을
정말로 바라보고 또 바라보고
바라봐

꽃이 되었어요

꽃길을 바라보다
난
꽃이 되었어요

눈이며 가슴까지 꽃으로 덧 입혀져
놀라며 다가서느라 나를 잊어
버려요

한걸음 꽃길에도
다가 선 꽃 이파리
꽃이 된
파란 하늘 데리고 웃는 날은
나마저 꽃길에 서서
예쁜 내가 됐어요

하루를 또 하루를 꽃길에 서 있어요
꽃에서 분홍 소리 잎에서 파란 소리
물소리 타고 오르며
흘러가며
웃어요

넌 나의 하얀 운명

가만히
등을 안아
하늘을 잠재우는
시냇가
물안개가 하얗게 올라간다

물에서 피는 꽃이라
수은 등을 달았다

가만히 하늘 안아
바람을 잠재우는
바다의 물안개가 하얗고 또 하얗다
순수에 피는 꽃이라
하얀 문을 달았다

가만히 비가 되는
넌 나의 하얀 운명
정말로 눈물 눈썹
하늘이 그립도록
마음의 진주 꽃으로
하얀 기둥 달았다

물 우산

빗소리
구워내는 우산을 쓰고 나면
수직의 메시지가 뜨면서
명령이다

젖으라
물 옷 입으라
그리고는
기다려

치마로 젖어 들라

가슴에 젖어 들라
눈빛에 젖어 들라

젖으라 우산 쓰라
하늘서 여기까지 온
수직 법을
읽으라

별을 보다

유난히 꿈이 많아 느을 늘 별을 보다
아아주 우연하게 별 닮은 가시내와
사랑해 아주 사랑해 별 속으로 빠진 날

아 그만 그녀에게 아아주 넘어가서
날마다 별 꿈꾸기 더하여 사랑하며
별나라 상큼상큼히 걸어가는 별밤야

봄비

사랑의 멜로디가 들려요 토닥토닥
단모음 동그라미 도르르 또그루루
새싹이 달콤콤봄밤 봄 알리는 봄비야

2부
사랑해도 되나요

초록물결 하 아파 사랑하는 이여

그래요
알려주신 그대로 초록물결 사랑을 할 만 하냐 날 사
랑 할 만 하냐 네가 날 사랑하느냐 당신 음성 내린
날

꽃눈이
꽃나무에
햇살이 담뿍담뿍 네가 널 사랑 하냐
꽃 향이 정말이니 네가 날 사랑하느냐
뿌려대며 내린 날

네가 날
사랑하냐
꽃불로 화안하게
꽃불을 들이대고 꽃 입술 들이 대고
네가 날 사랑하느냐
눈 감기며 내린 날

거듭나라

하얀 눈
하아얀 눈
하아얀 신발이네
한겨울 잘 지내냐 간절히 거듭나라
사랑타 거듭나느라
오오 그래
...

이제는 그대께서 날도와 주시느라
하얀 살 속보이신
웃어봐 등 떠미신
오 이제 알았아와요
오오 그래
....

하얀 눈 밀려옴에 하얀 밤 들여놓자
하얀 속 알리시고
환할 날 알리시는
아침이 하얀 햇살로
오오 그래
...

사슴

벼랑 끝
낭떠러지
아래는 파란바다
사슴이 한 발 한 발 가파른 돌 벽 위를
파란 풀 참 여유롭게 먹는 사슴 너구나

이리가
몰려와서
잡으려 컹컹 짖는
헛발질 메아리로 헛수고 구름인데
거듭나 살아있으련 꽃사슴이 너구나

벼락의
큰 바위 위
복 받은 꽃사슴에
하늘 손 꽃바람이 사슴 뿔 들어 주자
향기가 거듭나느라 파란 바람 너구나

눈물

눈물이 주룩주룩 콧물에 엉망이자
하늘이 햇빛 들여 눈물이 반짝반짝
그대가 거듭나라니 은빛금빛 바안짝

두 뺨이 마알갛게 하얗게 보이는 건
햇살이 보자마자 두 볼에 햇살 넣어
두 뺨에 보석 달리며 보조개가 바안짝

잉이잉 울어대는 입술이 참 그렇다
해 달 별 놀라면서 입술에 그러하자
입술이 앵두입술로 발그레할 참이다

바람을 읽어가느라

그대를 만나느라 분홍을 입느라고
설레는 치마 자락 그 끝에 열린 날개
바람을 읽어가느라 나풀나풀 하느라

그대를 만나느라 새싹이 돋느라고
새 땅을 넓히느라 구슬땀 주르르르
가슴이 보람으로라 두근두근 하느라

눈물을 글썽이자 햇빛이 비추느라
얼굴이 반짝반짝 큰 별이 비추느라
가득히 빛나오느라 분홍 얼굴 되느라

사랑해도 되나요

그대를 사랑해도 되나요 여쭤볼까
아니야 그건 아냐 그래도 그래보자
마음을 아주 단단히 하늘만큼 먹고서

겨우우 힘을 내어 사랑해 드릴까요
그대를 모른다고 모른다 난 아니라
네가 날 사랑하느냐 말씀하신 날에는

밤낮을 울고불고 그래도 모자라서
목소리 기어가듯 그대를 사랑하요
네가 날 사랑하느냐 그대만이 아셔요

그대는 슬그머니 괜찮아 하시면서
인자히 웃으시며 어깨를 토닥토닥
네가 날 사랑하느냐 그대만이 아셔요

용서

하늘에 흰 구름이 두둥실 떠오른다
발걸음 주춤주춤 꽃들에 다가가면
그리움 받으시라며 사과 알을 굴리신

옹달샘 물 한잔을 친히 떠 건네시며
아침 해 받으라며 둥글게 웃으시고
나직이 토닥토다닥 내 등까지 비춰신

뜨거운 가슴이 돋으실거에요

불을 잘 붙이려면 편지함 라이터를
꺼내어 불 켜세요 아아주 쬐끄만한
가슴에 불을 켜세요 불이 붙는 동안에

아아주 천천히만 걸어가 마당복판
가운데 거기 놓인 이제 막 방금 나온
찌꺼기 태워보세요 불붙여질 그에요

눅눅히 젖어 있는 뒤뜰을 돌아 나온
찌꺼기 햇빛으로 이슬이 묻어 있는
가슴이 돋으실거에요 불을 잘만 붙이면

향기가 싸아아암 돋으실 거에에요
막 끓어 가슴 돋이1) 사랑이 아파2)지실
뜨거운 가슴 돋으실 거에에요 쫘아암

---

1) 도디 나의 사랑하는 자, 아 1: 13.
2) 아하바 사랑, 신 10:14; 아 2: 4, 7, 3: 10.

예뻐지는 비결

그대1)를 사모하는2) 기쁨을 씌웠더3)니
예뻐4)진 입술에다 두 눈5)도 예뻐6)지며
알리는 입술소리가 쉰나이다7)
그래요8)

---

1) חתֻנָתוֹ(하툰나토·혼인, 예수님 십자가를 영원히 사모하는 마음, 아 3:11).
2) שִׂמְחַת(시므아흐트·기쁨, 아 3:11).
3) שֶׁעִטְּרָה(씌잇터라·씌운, 아 3:11).
4) יָפָה(야파하·글자풀이로, 아 4:1).
5) עֵינַיִךְ(엔아이흐·쌍수, 두 눈).
6) יָפָה(야파하·어여쁘고도, 아 4:1).
7) שִׁנַּיִךְ(쉰나이흐·쌍수 즉 윗 이와 아랫이, 아 4:2).
8) 이영지, 『물마읠의 시학』(서울, 창조문학사, 2023)., 825.

사랑해도 되나요 41

보고파 미치다

보고파
움직이다 거기서 여기까지
파아란 하늘 아래 새빨간 장미꽃비
파랗게 시간을 비워 빠알갛게
미치다

오월이
보고파서 천리도 멀다않다
눈빛을 주어담다 그대의 향기바람
산드을 봄바람 불어 어질어질
미치다

어설피
눈을 들어 하늘을 향해 보다
하늘이 쏟아 붓는 햇볕에 몸을 감고
닮고픈 그리움 보물 눈이 부셔
미치다

장미연서

꿈 편지 앵두 볼이 그리운 연서에요
이야기 나누고파 가까이 다가가면
꽃으로 걸어가 보면 그 이름이 실려요

꽃 뿌린 나날들이 새벽에 이어지고
이야기 들리는 때 노래로 따라하는
한밤중 꽃노래들이 앵두 볼로 피어요

꽃방석 맴돌 돌아 꽃 뿌리 위로 솟은
연서를 읽느라고 두 입술 달싹이며
연서가 대답하느라 앵두입술 보내요

오르기

정말로 사랑하면 오른다 그러셔서
종일을 끙끙하며 오르기 그러다가
빛 받아 쑥쑥 자라서 오르라기 거기엔

봄부터 여름까진 오르기 빛을 먹어
1센치 2센치 씩 오르기 그러다가
오르기 거기 까지다 그러셔서 그만큼

거기서 불어대는 빛 방울 내리느라
나보단 아마도 그 물 불어 천지개벽
맨발로 확 움직이셔 얼어놓은 오르기

나비날개

아침이 나폴나폴 바람의 나비 날개
그네가 표롱표롱 때로는 하늘하늘
봄바람 아지랑이가 하늘하늘 그런 거

눈으로 안 보이는 사랑을 눈에 옮겨
넣어서 눈 뜨느라 빛을 봐 오르기로
한방에 천국까지가 방울방울 그런 거

빛보라 빛을 타고 오신이 하늘하늘
아가의 눈망울로 오로지 하늘하늘
금방에 은방울 나래 옹알옹알 그런 거

뾰오옹 불어보자 비눗물 그럼 나도
동그랑 몽을몽을 눈앞에 동그랗게
맨발의 비눗방울이 그네로로 그런 거

아침에 나폴나폴 여름에 하랑하랑
그러다 그대로로 가을이 하늘하늘
안보면 여러 개지만 눈으로 본 그런 거

청지기

부름의
흐름 폭을
지나다 여미고도
마지막 꽃 잔만을 빙 둘러 다시 촛불
앵두 빛 두 볼을 감싸 빛 새 날까 밤새다

입술로
대답하고
이 아미 봄 숙이고
이 푸른 벽돌에도 흐르는 이 아침을
가슴의 파랑 너울로 흐르도록 봉황새

파아란 눈빛으로
분홍의 속살에도
등 뒤의 먼지만을 한 가닥 털어내는
머나먼 푸른 꿈 익어 봉황새의 청지기

꿈꾸듯

꿈꾸듯 살아가자 너에게 편지 끝에
이렇게 써 두었다 봉봉봉 뚫어놓고
동그란 가슴깊이를 담아두자 일렀다

물고기와 강물

강물이 춤을 추자 등대도 껌벅껌벅
춤추는 물고기다 바람아 춤을 추자
비릿내 물의 살결에 파도마저 바꾼다

아파트 사시나요

하나씩 향기 들고 달리는 마음기차 거기에 이쁜이 꽃가지에 새싹이 나 여기의 섬에서 피는 그리움을 나눈다

꼭대기 층에서만 파아란 별바다가 앉느라 층층이만 올라가 가슴 풀어 당신의 바람 날개로 속삭이고 앉는다

수 천 개 방방마다 입들이 싹이 난다 싹에는 하나둘씩 입의 말 들어 앉고 나서야 붉은 노을이 나팔 불어 빵빠앙

사람 숲 방방마다 떠 오는 그리움을 꼬옥꼭 접어들면 밤에야 별로 뜨는 아파트 옹골찬 시간
차를 어서 타셔요

사람 숲 사이에서 떠 오는 그리움을 꼬옥꼭 접어들면 밤에야 별로 뜨는 나만의 옹골찬 하루 시간차를 어서 타셔요

꿈 빛의 파란빛을 그리도 좋아해요 하늘로 하늘로만 자꾸만 올라가요 그리도 좋아하셔요 아파트에 사셔요

사랑을 아부하시는

왜 자꾸 하늘로 가 머무나 물어보기
꿈은 늘 하늘에서 햇빛을 보내길 레
하늘가 불꽃덩이야 하늘빛이 빨갛다

사랑하냐 자꾸 물으심

이 나를 세상에서 가자앙 사랑하냐
그것이 알고프다
가슴이 늘 봄이야

네가 날 사랑하냐고
자꾸자꾸 물으심

꽃눈이 꽃나무에 햇살이 담뿍담뿍
네가 날 사랑하냐 꽃향기
마구마구
네가 날 사랑하느냐
뿌려대는 봄날에

네가 날 사랑하냐
꽃불로
화안하게 꽃불을 들이대고
꽃 입술 들이 달고
네가 날 사랑하느냐 봄을 달고
내리라

우리 선생님

우리의 선생님은
봉오리 선생니임
교실 문 그 앞에서
우유 빛 목련 같은 동그란 얼굴에다
두 눈이 커다라 해서
마냥마냥
좋은 거

남자애 선머슴아 학생들
와자지껄
별안간 주전자로 꽹과리 울려가며
교실이 아수라장이 되도록 애
좋은 거

한 눈에 좋아하다 온 생애 멈춰버린
봉오리 선생님을 그냐앙 좋아하다
좋은거 그냐앙 좋아 좋아좋아
좋은 거

좋은 거 그냥그냥 조는 거 온 생애를
함초롬 녹아들어 그냐앙 그냐아앙
좋은 거 그냐앙 좋아 좋아좋아 좋은 거

비 꽃

꽃이라 향기 즙이 비비는 즙이 짜여 즙 뒤로 널린 널린 하늘땅 들판 길을 산사람 핏줄 보이듯 흘러가는 꽃의 비

꽃을 굽는다

여름에 꽃을 굽다
내 꽃을 굽느라고 내 등이 굽느라고
아아주 많이 굽는
여름의 꽃가루까지 등에 묻어
꽃내음이 나더라

꽃내음 아주 많이 굽은 등 줄줄 타고
굽은 등 여름날의 물가루 만드느라
물가루 꽃내음 붙어
꽃내음이 등에서

굽은 등 조금씩 펴
꽃내음 진동으로
짙푸른 머리를 타
달콤한 입술을 타
입에서 여름노래가
여름꽃내 달코옴

목덜미 타느라고
가슴을 타느라고
노래를 펴느라고 햇빛이 나느라고
여름이 노란 꽃으로 지천이라 꽃내음

여름은 워낙

여름은 워낙 꽃을 좋아라 하는지라
꽃내음 먹어대며 열매를 꽂 내 내는
당분간 미뤄두고도 흥얼흥얼 노래라

새들의 입술 타고
하늘의 구름 타고
여름을 입술노래
좋아라 워낙좋아
당분간 미뤄두고서 흥얼흥얼 노래라

불빛의 태극기

모두다 태극기에 얼굴로 내미느라
우리의 하늘에서 모두들 감싸 안아
동그란 가슴깊이를 담아두죠 그렇죠

태극기 춤을 추자 등대가 빛을 추자
춤추자 물고기랑 강물이 춤을 추자
푸르른 춤이 한차앙 앞으로 가 그렇죠

꿈꾸기 한 창이죠 불빛의 태극기는
가슴에 안아들고 온종일 맴을 돌며
눈빛을 하늘 가까이 올리어서 그렇죠

그대를 만나느라

그대를 만나느라 분홍을 입느라고
설레는 치마 자락 그 끝에 열린 날개
바람을 읽어가느라 나풀나풀 하느라

그대를 만나느라 새싹이 돋느라고
새 땅을 넓히느라 구슬땀 주르르르
가슴이 보람으로라 두근두근 하느라

눈물을 글썽이자 햇빛이 비추느라
얼굴이 반짝반짝 큰 별이 비추느라
가득히 빛나오느라 분홍 얼굴 되느라

3부
하아얀

하아얀

하얀 눈
하아얀 눈
하아얀 신발이네
한겨울 잘 지내냐 말씀으로 달래신
사랑타 거듭나느라
오오 그래
...

자꾸만 축복하신 그럴 날 오리라신
하얀 살 속보이신
웃어봐 등 떠미신
오 이제 알았아와요
오오 그래
...

하얀 눈 밀려옴에 하얀 밤 들여놓자
하얀 속 알리시고
환한 날 알리시는
아침이 하얀 햇살로
오오 그래
...

그대

엘리이 엘리이 라마아 사박다니
하나님 내 하나님 어찌해 날 버려요
힘주셔 넘어지도록 자빠트린 날에는

어찌해 어찌해서 이렇게 어찌하여
오오오 어찌하여 어떻게 당신아들
하늘에 높이 들리게 대못박아 주시나

하나님 하나니임 어찌해 나 아들을
아들을 당신아들 나 예수 하늘높이
두 손에 대못박아서 아파아파 이렇게[시 43: 2]

엘리이 엘리이이 라마아 사박다니
하나님 내 하나님 오 나의 아버지여
어찌해 버리시나요 이런 모양 이렇게[마 27: 46]

울다 뚝

바람이 앞에 가며
울길레 나도 울다

한 참을 울다보니 내가 왜 우나싶어
왜 울죠
물어보는데
나도 몰라
그래서

내가 날 모른다는 바람에
펑펑울다
펑퍼짐
주저앉아 울어서 도울 바엔
차라리 바람잡이로 일어서자

울다 뚝

위

10위 화악산 경기도 38선 정상 가르기
9위 가리왕산 강원도 정선군 평창군을 가른다 산엽주
8위 오대산 소금강계곡 월정사
7위 태백산 백두대간 중앙부 민족영산
6위 함백산 태백산 중심부 산으로 겹겹 둘려싸여
5위 계방산 강원도 평창군 오대산 국립공원 최고봉
4위 덕유산 4계절 국립공원
3위 설악산 기암괴석 깊은 계곡 대청봉
2위 지리산 최초 국립공원지정 천왕봉
1위 한라산 백록담
정말로 마이봉이죠 마이 한라 봉이죠

거듭나 그대이름 한라산 마이봉이
아아주 솟아 오른 암바위 숫바위에
말 귀의 마이봉이라 높이 솟아 두 개다

봉우리 마치 말의 귀 같아 마이산봉
봄에는 안개 뚫고 봉우리 쌍돛배로
돛 대 봉 이름 달고서 꽃으로 떠 꽃 대 봉

여름은 나무 울창 뚫어서 용 뿔이다
용각봉 이름 달고 뽐내며 높이 솟고

가을엔 단풍으로서 말의 귀로 마이봉

겨울눈 쌓이느라 먹물로 문필봉을
진안군 마이산에 두 개의 큰 봉우리
하나는 암봉우리고 숫봉우리 마이봉

모른다고요

사랑을 몰라몰라 정녀엉 몰라몰라
고요를 되뇌이던 나라는 사람이다
꿈에도 두렵기까지 한 이 나를 모른다

그래도 슬그머니 고기를 구으시고
먹어봐 하시면서 하시며 달래시듯
네가 날 사랑하느냐 부끄러움 몸 둘 바

그래도 응석부려 입술을 달싹거려
숨 넘어 가는 듯이 젤 작은 목소리로
저도오 사사라라앙 속삭이듯 합니다

오 네가 날 사랑하느냐
가슴이 찔리듯이 떠느라 부들부들 겨우우 쪼그맣게
두 눈이 눈물범벅으로 저엉말로 사아랑

그래에 정말정말 네가 날 사랑하냐
네 주님 절 잘 아신 주니임 주님 주님
하늘 꿈 주으려고요 하늘과 땅 사이에

거꾸로 메달려서 기인 손 내리올려
하늘과 땅 사이를 이으며 사랑해요

사랑해 그러시는 웃음의 범벅으로
아이구 내 주님으로 보시고 모시느라
베드로 거꾸로 달려 도로 달려 사사랑

거꾸로 달리면서 로드^{LORD}배 하나님
제 배에 타십시오 도도로 베드로로
제 이름 그대 봐 도로 대대로 살 사랑 배

주춤주춤

하늘에 흰 구름이 두둥실 떠오른다
발걸음 주춤주춤 꽃들에 다가가면
그리움 받으시라며 사과 알을 굴리신

옹달샘 물 한잔을 친히 떠 건네시며
아침 해 받으라며 둥글게 웃으시고
나직히 토닥토다닥 내 등까지 비춰신

물 위에 올라앉은 빛

금방에 물위에로 빨갛고 노랗다가
현기증 끌어올려 살린다 새파랗게
물위에 올라앉아서 사랑풀기 빛에다

곧이어 물 위에로 모두다 흰빛으로
하늘이 하아얗고 그대가 하아얗고
둥둥둥 울려나오며 하얀 사랑 빛에다

언제나 말하고 싶어

말에다 노랑빨강 파랑을 둘러준다
푸르다 못해 진한 그리움 몸에 달고
별빛의 아침이어야 한다 시며 빛나는

어울려 팔을 들어 팔짓을 해 보아요 그러면 팔 끝에
로 오르는 향기 들고 둥글글 돌아보아요 바람 날개
일어요

깜깜한
어둠에서
건져낸 푸른 희망
푸르른 등을 달고 나오라 사랑이여
도시 숲 숨쉬어가게 푸른 가슴 나오라

언제나 하늘에서 뜨길 레

꿈은 늘 하늘에서 뜨길 레 불꽃 뭉쳐 뜨길 레 하늘에게 하늘가 불꽃덩이 사랑에 고개 돌리는 하늘빛이 뜨길 레

꼭대기 층에서만 파아란 별바다가 뜨길 레 층층이만 뜨길 레 가슴 풀어 당신의 바람 날개로 속삭이고 뜨길 레

제 혼자 갈 수 없어 꽃잎의 생각에 싹부터 나오다가 뜨길 레 꽃 대궁에 얹혀 진 나랑 당신이 똑 같은 길 뜨길 레

뜨길 레 보려하고 돌다가 돌아가다 돌멩이 하나로만 남아서 돌아가다 뜨길 레 올려놓느라 돌길 기둥 뜨길 레

그 분이 늘 나에게 주리라 하시기에 뜨길 레 신발 꺼내 신은 날 물길에는 이끼가 파랗다 못해 푸른 그림 뜨길 레

수 천 개 방방마다 입들이 싹이 난다 싹에는 하나둘 씩 입의 말 들어 앉아 뜨길 레 붉은 노을이 나팔 불어 뜨길 레

귀뚜라미 두께

달빛을 달고 오는 은사슬 달빛소리 귀 뚫린 가을밤을 알리는
귀뚜라미 뚫림을 풀어놓느라 귀 뚜 르 르 뚜 르 르
 귓가에 귀 뚜 라 미 뚜 루 르
얹혀오며 그대가 말하려는 두께를
뚜 르 르 르
귀 뚫림 얹어놓느라
뚜 뚜 루 우 뚜 르 르
뚫리는
나의 귀는
들리는 음성으로
따 아 앙 땅 따 르 르
따 르 르 따 아 따 아
알림을 땋아가느라
따 앙 따 앙
뚜 르 르

여름이 떠나가기

여름이
구슬땀을 흘리며 떠나가기
떠나는 자리마다 옴포복 동글동글
땀방울 익어가느라 자리 잡는
포도알

동그란
포도알이 살짜기 앉느라고
천둥이 물난리로 쿵 쿠웅 소리 질러
남기고 떠나가기에 몽울몽울
포도알

꽃 밤

까만 밤 불꽃이죠
비춰죠 어둠에서

네온싸인 불꽃이죠
빛이요 한강에서

빌딩의 차창빛이죠

눈빛이죠
빛바다

꽃 뿌리

하늘이 구름스민 물살을 견디느라 열한 달을 잠잠히
눈금 짚어 바램하고
그리움 타는 강가에서 오늘까지 열하루

한밤에 문 열고는 진달래 꽃집간다
없어진 꽃뿌리야 찾아볼 꽃뿌리야

새벽이 열리어 오면
뫼부리에 가야지

오늘은 땅속에서 달궈낸 응어리로 화안한 뜨락 아래
무뎌진 어머님 손
예사 듯 너그러운 듯 꽃 문 여는 진달래

동그란 가슴깊이

꿈꾸듯 살아가자 너에게 편지 끝에
이렇게 써 두었다 봉봉봉 뚫어놓고
동그란 가슴깊이를 담아두자 일렀다

기다림

기다림

꿀맛 같은 옥수수(玉水水) 한 알 한 알
읽는다 그런다음 마음에 올리느라
옥수수 하모니카로 불러볼랴
기다림

기다림

그 끝에서 학이 된 하얀 그림
도톰한 입술사이 순결의 하얀 이가
옥수수 도레미파솔 오오 그대
기다림

가을이 깊다

가을이 노오랗다
차가운 날씨에도 노오란 낙엽들이
노오란 옷을 입고
가을을 한 잎 물고서 나는 노란 기다림

그리움 입에 물고
가을 옷 수만명이 꿈꾸듯 한 목소리
낙엽의 함성마다
기도별 하늘 복판이 반짝반짝
빛나나

별별별 모자 쓰고 우리가 짝 이루면
하늘이 별을 보내 잘 있나 보시느라
별들이 반짝반짝 커 온 하늘이 별덩이

복줄까 말까 줄까 고민을 하신 중에
곧 이어 큰 별 하나 뜬다고 연락오는
기쁨이 홍얼홍어얼 노래 들려 올 거야

우리가 소곤소곤 별처럼 소곤소곤
가을 새 소곤소곤 낙엽이 소곤소곤
온 마당 가을이 깊다 쿵더덩쿵 들린다

한가위

따 놓은 덜 붉은 감 더 붉게 익고익고
따 놓은 덜 붉은 대추가 익고익고
떨어진 내 사랑 알이 익고 익어 둥글고

달빛에 덜 붉은 내 볼이 익고익고
한 밤이 한 낮처럼 덜 붉다 익고익고
떨어진 내 사랑 알이 익고 익어 둥글고

비누 내음

비누를 사알사알 묻히어 생각해요 비누가 조금씩 생
때를 벗겨내며 미끄럼 방울방울로 천천히들 밀리며

집안의 어른에게 물어요 서두르지 말아요 비누로만
누비어 들어봐요 잘 여쭤 문대어 봐요 부드러운 속
삭임

물에만 녹아나요 물이 말씀에요 먼저는 물어보고 그
리고 문질러요 사알살 마음이 녹는 부드러운 느낌요

날마다 입고 다닌 하얀 옷 내 옷 위에 낀 때가 날로
익어 저리로 저리 끼고 그래서 나의 빨랫감 비누에
게 닥아가

손으로 옴팍옴팍 빠르게 비벼비벼 그리움 뛰다뛰다
싹싹싹 비벼비벼 옷걸이 올라앉으며 달콤 내음 파악
팍

풍기는 그리움의 내음을 반겨주며 날이며 날마다로
달콤한 부드러움 그리운 단 비누 내음 기분 좋다 으
으음

하야아안 행복

　닿을 듯 닿을 듯이 두 손을 내밀면서 웃어준 그대 얼굴 꽃비가 내리누라 꿈꾸듯 비치느라고 하야아안 행복이

□ 이영지 시학

삶의 황금비율

이 영 지
(문학박사. 철학박사 시인 시조시인)

 이영지 시조시인의 시조 시학론이 있다. 삶의 황금비율 3 4의 파이비율에 맞추어지는 황금비율은 바로 시조의 리듬 3 4 3 4 · 3 4 3 4 · 3 5 4 3의 리듬이다. 시조의 원리다.

눈
뜨면
아
른
아
른
감으면 떠오르는
하늘가 그쯤에서 떠 오른 해 덩어리
봄꽃을 입에다 물고
봄이 뜨면 먼저 핀

안 봐도 떠오르는
그 쯤에
종
종
걸
음
앞으로 아장아장 삼삼히 걸어가서

떠 오는 우리는 행복자로다
　　　입에 무는 봄잎의
　　　　　　　- 이영지 「햇살 보쌈」 시조작품 전문

　이 시조의 비율은 3 4의 리듬이다. 그리고 종장에서 이를 설명하는 3 5 4 3으로 마무리한다. 황금비율 시조리듬이 그대로 농축되어 있다.
　시조문학이 가지는 황금비율 학설은 신학 이론으로도 접근된다. 해는 히브리어로 שֶׁמֶשׁ쉐메쉬이다. 3글자이다. 가운데 글자 물 메 מ메를 중심으로 양쪽 글자가 모두 동일한 치아 שׁ쉬로 되어 있다. 이 때 치아는 씹어서 잘게 부수는 역할인바 위아래로 서로 부딪치면서 사이의 물로 말씀을 연단, 사는 생활이 우리를 행복자로 한다.
　한국의 시조와 해의 히브리어 시어 3글자 שֶׁמֶשׁ쉐메쉬·해 하늘와 하늘 שָׁמַיִם쉐메쉬·해 하늘의 4글자인 3 4 리듬이다. '하늘' 히브리어 구성은 물이 두 개이고 치아가 하나이다.
　왜 그 많은 숫자 중에 시조가 3 4 리듬이어야 하는가! 한국의 사나흘이란 말이 있다. 보통의 세월 흐름이다. 이 3 4 수리 개념은 성경의 서 너 가지와 그리고 해와 하늘 언어의 글자 수와 동일성이 있다. 이 3 4를 합하면 7이다. 7은 하나님의 형상을 닮은 사람이 하나님 닮기의 삶을 닮을 수 신성수이다. 황금비율 3 4가 의미하는 하나님의 수치에 가까이 와 있는 7이다. 절대자를 향해 가는 파동이다.

3이란 숫자는 히브리어로 셋 =שלש 샬로쉬 · 셋 · 셋 ה · שלשה 샬로샤 · 셋로이다. 이 셋에 따라 붙는 셋째 · 세번 · 삼지창 · 삼중의 · 트라이엥글 · 삼현금 · 방패가 있다. 셋은 천지인^{天地人}의 인^{人}으로 조화와 중용의 의미이다. 고조선 시대는 조화의 시대이며 중용의 시대이다. 성경에 삼 겹 줄$^{전\ 4:12}$이 있다. 악기·삼현금과 연계된 영적 강건의 의미다. 청종하고 기뻐하며 주로 인하여 기쁨이 솟아나는 뜻으로 한국에서도 이 삼 겹줄 비유로 아버지가 아들들에게 하는 유언이 있다.

한국시조작품은 초·중·종장 셋이 합하여 시조한편을 만든다. 그 중에서도 종장의 첫 자인 3자는 그 의미가 셋이 합하여 하나를 이룬다. 이병기는 3음절을 3구를 3자[1] · 서수생은 3구를 3언[2]이라 이해하였다. 3의 강조는 성경에서 셋째 하늘에 올라간 사무엘과 바울, 그리고 세 광주리와 사흘$^{창\ 40:18}$이 있다. 셋은 언제나 조화의미로 모이어 셋이 되는 삼위일체이며 광주리는 언약궤 의미다. 이 3은 시조문학논리이다. 3일[3] · 사흘[4]과 나흘[5] · 30년$^{겔\ 1:1}$ · 33^{샬로쉬} ·

---

1) 이병기, 『국문학 개론』(서울: 일지사, 1965), 108-109.
2) 서수생, 『한국 시가 연구』 (서울: 형성 출판사, 1970), 90.
3) 창 22: 4, 31: 22, 34: 25, 40: 20, 42: 17, 18; 출 10: 22, 19: 11, 15, 16; 레 7: 17, 18, 12: 4, 19: 6, 7; 민 7: 24, 10: 33, 19: 12, 19, 31: 19, 33: 8; 수 1: 11, 3: 2, 9: 16, 17; 삿 14: 14, 19: 4, 20: 30; 삼상 20: 5, 21: 5, 30: 1; 삼하 1: 2, 20: 4, 13; 왕상 3: 18, 12: 5, 12; 왕하 20: 5, 8; 대하 7: 10, 5, 12; 스 6: 15, 8: 15, 32, 10: 8, 9; 느 2: 11; 에 3: 12, 13, 4: 16, 5: 1, 8: 9, 12, 9: 1, 17,

레 12:4; 삼하 5:5; 대상 3:4, 29:27 · 300년1)의 예들이 3의 숫자와 4의 숫자를 연속되풀이 한다.

3과 4는 합하여 7이다. 7은 천부경에서 꼬부라진 십자가표시로 된 신성수이다. 여호와께서 그 백성의 상처를 싸매시며 그들의 자리를 고치시는 날에 달빛은 햇빛 같겠고 햇빛은 칠 배가 되어 일곱 날의 빛과 같으리라사 30:26 하였다. 일곱 집사행 5를 비롯하여 바알에게 무릎 꿇지 아니하는 칠천찰로쉬 · 셋왕상 19:18; 롬 11:4명을 남겨 두는 · 수양 일곱과 수송아지 일곱을 번제욥 42:28드리는 · 일곱인요계 8:8 · 일곱나팔요계 8:6 · 일곱 교회 · 일곱 천사요계 8:6 · 진노의 일곱 대접요계 16 등 일곱은 203회의 리듬을 가진다.

3과 4의 연결고리는 아비의 죄악을 자식에게 갚아 삼사 대까지 이르게 하리라민 14:18 하셨다. 그러기에 이 '삼 사'는 하나님 백성들의 불순종 죄악2)으로 조

18; 호 6: 2; 암 4: 4; 욘 1: 17, 3: 3; 마 16: 21, 17: 23, 20: 19; 눅 9: 22, 13: 32, 18: 33, 24: 7, 46; 행 25: 1; 계 11: 11.
4) 창 30: 36, 40: 12, 13, 18, 19; 출 3: 18, 5: 3, 8: 27, 15: 22; 수 2: 16, 22; 삼상 9: 20, 20: 19, 30: 12, 13; 왕하 2: 17; 대상 12: 39, 21: 12; 대하 20: 25; 마 12: 40, 15: 32, 26: 61, 27: 40, 63, 64; 막 8: 2, 31, 14: 58, 15: 29; 눅 2: 46, 21; 요 2: 1, 19; 행 9: 9; 행 10: 40, 27: 19, 28: 7, 12, 17; 고전 15: 4; 계 11: 9.
5) 삿 11: 40, 19: 5; 요 11: 17, 39; 행 10: 30.
1) 창 5: 22; 15: 13; 삿 11: 26; 행 7: 6.
2) (암 1: 3) ① כה אָמַר יְהוָה עַל - שְׁלֹשָׁה פִּשְׁעֵי ....אַרְבָּעָה-וְעַל
(암 1: 6) ② כה אָמַר יְהוָה עַל - שְׁלֹשָׁה פִּשְׁעֵי ....אַרְבָּעָה-וְעַל
(암 1: 9) ③ כה אָמַר יְהוָה עַל - שְׁלֹשָׁה פִּשְׁעֵי ....אַרְבָּעָה-וְעַל
(암: 11) ④ כה אָמַר יְהוָה עַל - שְׁלֹשָׁה פִּשְׁעֵי ....אַרְבָּעָה-וְעַל

명된다. "여호와께서 가라사대 .... 서너 가지 죄로 인하여"라 하면서 1회에서 8회까지 매 회마다 코 아마르 여호와 알 쉐로솨 포스에...베알-아르바아아 בְעָה כֹּה אָמַר יְהוָה עַל- שְׁלֹשָׁה פִּשְׁעֵי....וְעַל- אַרְ 코 아마르 여호와 알-쉐로솨 프스에..베알-아르바아아 로 한다. 다메섹 · 가사 · 두로 · 에돔 · 암몬 자손 · 모압 · 유다 · 이스라엘 순서로 한다. 서너 가지 죄1)를 코이프만 Y. Kaufmann

---

⑤ (암 1: 13)כֹּה אָמַר יְהוָה עַל- שְׁלֹשָׁה פִּשְׁעֵי....וְעַל- אַרְבָּעָה.....
⑥ (암 2: 1)כֹּה אָמַר יְהוָה עַל- שְׁלֹשָׁה פִּשְׁעֵי....וְעַל- אַרְבָּעָה.....
⑦ (암 2: 4)כֹּה אָמַר יְהוָה עַל- שְׁלֹשָׁה פִּשְׁעֵי....וְעַל- אַרְבָּעָה.....
⑧ (암2: 6)כֹּה אָמַר יְהוָה עַל- שְׁלֹשָׁה פִּשְׁעֵי....וְעַל- אַרְבָּעָה.....
(코 아마르 여호와 알-쉐로솨 프스에..베알-아르바아아)

1) ① 첫째: 다메섹 דַּמֶּשֶׂק(다메섹 · 수리아의 수도, 암 1: 3) 저희가 철 타작기로 타작하듯 길르앗을 압박(암 1: 3)하는 서너 가지 죄로 인하여 하나님이 그 벌을 돌이키지 아니하겠다는 것이다.
② 둘째: 가사의 서너 가지 죄로 인하여 내가 그 벌을 돌이키지 아니 하는내용이 바로 가사 עַזָּה(가사 · 블레셋의 도시, 암 1: 6) 저희가 모든 사로잡은 자를 끌어 에돔에 붙였기(암 1: 6) 때문이다.
③ 셋째: 두로 צֹר(두로 · 팔레스틴의 한 장소, 암 1: 9)의 서너 가지 죄는 저희가 그 형제의 계약을 기억하지 아니하고 사로잡은 자를 에돔에 붙였기 때문(암 1: 9)이다.
④ 넷째: 야곱의 아들 중, 형이 차지한 에돔 אֱדוֹם(에돔, 암 1: 11)이 칼로 그 형제를 쫓아가며 긍휼을 버리며 노가 항상 맹렬하며 분을 끝 없이 품은 죄(암 1: 11)이다.
⑤ 다섯 째: 여호와께서 가라사대 암몬 자손 בְּנֵי-עַמּוֹן(베네-암몬 · 근친의, 롯의 아들과 그 자손, 암 1: 13)이 자기지경을 넓히고

은 이 아모스의 기록이 이스라엘과 유다의 적을 순서대로 기록한 것1)이라 했다. 벤젠A. Bentzen은 열방 예언은 주전 19-8세기 이집트의 저주문서와 같은 제의적 배경 · 하란Haran · 젤리그만Seeligmann · 코이프만Kaufmann은 전쟁 때 행한 예언의 영향이라 하였다.

"여호와께서 가라사대", "서너 가지 죄로 인하여"라는 문구의 8회 반복은 중다한 죄악2)과 말씀 능

있다. 그 죄악은 바로 길르앗의 아이 밴 여인의 배를 갈랐기때문(암 1: 13)이다.

⑥ 여섯째: 여호와께서 가라사대 모압 מֹאָב(모압 · 롯의 근친상간의 아들(암 2: 1)이 에돔 왕의 뼈를 불살라 회를 만들었기 때문(암 2: 1)

⑦ 일곱째: 저희가 유다יְהוּדָה(유다 · 처음으로 내려온 지파와 유다, 암 2: 4) 의 죄로 여호와의 율법을 멸시하며 그 율례를 지키지 아니하고 거짓것에 미혹하였기 때문(암 2: 4)이다.

⑧ 여덟째: 이스라엘 יִשְׂרָאֵל(이스라엘 · 이스라엘, 암 2: 6)이 은을 받고 의인을 팔며 신 한켤레를 받고 궁핍한 자를 팔았기때문(암 2: 6).

1) Y. Kaufmann, *Toldedoth Ha-Emunah Ha-Yisraelith.* Vol 6 (Jerusalem, 1957), 63.
2) * 이스라엘의 죄악 문제는 욥기에서 뚜렷(윤대영, 『시가서』 (서울: 방이블 동 · 서 · 남 · 북연구원, 2005), 78)하다.
   하나님은 그의 사랑하는 자에게 하나님은 절대 순종을 요구(욥기 1장)한다. 하나님은 정금같은 신앙을 요구(2장)한다. 2회의 시험에서 하나님의 깊은 뜻을 헤아리지 못하는 욥은 "...라면"을 17회 반복 한다(3장). 이 17회는 하나님의 신성수이다.
   욥의 친구 엘리바스는 욥의 고난을 인과응보로 정죄(4장)하

제 4 장 물은 어디로 가나

력1)관계를 알 עַל알과 וְעַל베알의 2회 리듬으로 하여 죄 사하실 수 있는 방법을 암시한다. 위에 높이 계신 알 עַל알과 וְעַל베알 그 분만이 인간의 죄를 사하실

고 회개하라(5장)한다. 욥은 지나친 '의'의 주장으로 답변하고(6장) 왜 나에게 이런 고난이 오는가라고 탄식하게 된다(7장). 이번에는 욥의 친구 빌닷이 전통주의로 정죄(8장)하자 욥은 중보자의 필요성을 제시하고(9장) 욥이 고통 받는 이유를 알고 싶어 한다(10장). 욥의 친구 소발이 교리주의로 정죄하자(11장) 욥은 극단적 대립상태(12장)를 보이면서 스스로 학대(13장)하며 부활을 기대(14장)한다. 다시 엘리바스가 조상의 이름으로 정죄(15장)하자 욥은 더욱 중보자를 갈망(16장)하면서 죽음을 갈망한다(17장). 빌닷은 열 받아(18장) 정죄하였으나 욥은 부활을 소망한다(19장). 소발이 욥을 두 번 죽이려(20장) 하자 반박(21장)한다.

엘리바스는 다시 자기가 하나님 위치에 있는 것으로 정죄(22장)하자 욥은 이제 성숙한, 그리고 정금 비유로 대답(23장)하며 친구들의 오해를 불식(24장)한다. 빌닷은 구더기 같은 욥이라고 욥을 정죄(25장)하자 욥은 놀라운 지식으로 반박(26장)한다. 욥은 순전을 압축 피력(27장)하고 지혜 송가(28장)를 부르면서 과거의 축복의 삶(29장)과 현재 고난의 삶(30장)을 호소하는 동시 끝까지 결백을 주장(31장).

엘리바스와 빌닷과 소발이 이에 더 정죄하지 못하자 엘리후가 중재에 나서며(32장) 사랑의 부족(33장)과 홰개하라(34장)는 것이다. 기도 응답 없는 이유(35장)와 연단을 위한 시련(36장)이 필요함과 창조주 하나님을 상기시킨다(37장). 하나님이 그의 창조 세계(38장)를 들며 동물 세계(39장)와 하마 교훈(40장)과 악어 교훈(41장)이 이어지자 욥은 회개하고 복을 얻게 된다(42장).

1) Garth E. Runion, *The Golden Section* (Dale Seymour Publications: Palo Alto, CA, 1990), 84: 85.

수 있음을 알린다. 큰 죄악과 이에 대응되는 하나님의 맞불 놓기는 예수님의 탄생1)으로 서이다. 이 맞불이란 말은 히브리어 그대로이며 우리말과 같아 두 국가 간 문화교류 증명이다. 하나님이 맞불 놓아 살리셨다.

죄악에 대하여 아모스는 "야곱이 미약하오니"암 7: 2, 5로 간절히 간청하며 용서해 주실 것을 하나님이 들으시고암 7: 3, 6 "나의 준 땅에서 다시 뽑히지 아니하리라"암 9: 15고 단 한마디 1회로 용서됨을 암시한다. 절망에서 희망으로 바뀌는 시학이다. 하늘 שמים 샤마임 하늘 시어에서이다. 하늘 שמים 샤마임 하늘은 기본형이 물 מים 마임 물2)이다. 어두에 쉰쉰 부서버림 없앰 바로 그라는 지시대명사역할이 놓이어 1회3)로 죄 씻기한다. 빨R. Wall은 언어의 절대성은 의미의 절대성을 지닌다4)고 하였거니와 물과 하늘의 히브리어는 모두 하나님의 손 י 요드 가 붙는다. 천부경에서 사람 인人의 갑골문형태는 손모양이 부각된다. 초월사역은 쉰 ש천의 연단

---

1) Garth E. Runion, *The Golden Section* (Dale Seymour Publications: Palo Alto, CA. 1990), 84-85; 『하나님의 수학』,. op. cit, 79-85. את(창 1: 1, 16, 16, 21, 21, 25, 25, 29)는 8회이다.
2) J. Weingreen, 『구약 성경 히브리어완성: *A Practical Grammar for Classical Hebrew*』 (서울: 기독교 문서 선교회, 1999), 31.
3) אחד(에하드 · 하나, 창 1: 5).
4) R. Wall, 『수리언어학: *Introduction to the Mathematical Linguistics*』 (서울: 한신 문화사, 1987), 123-167.

기능으로 하여 새로운 생명이 태어나는 기적을 베푸는 자의 능력 암시다. 서인석은 성경 언어가 지니는 함축성은 하나님의 결단을 드러내는 의미[1]라 했다.

성경은 삼사 대까지 곧 알-쉬레쉼 베알-리베임 עַל - שְׁלִשִׁים וְעַל - רִבֵּעַ알-쉬레쉼 베알-리베임 · 삼사대까지, 민 14: 18)이라 하여 알 עַל알이 전지전능자의 초월 힘이 물을 '하나로 모이는' יִקָּווּ이카부 · 하나로 모이는, 창 1: 9로 한다. 우리말에 이렇게 하면의 준말 '이카'가 있다. 하나님은 이스라엘 백성에게 쫓아오는 애급군대에게 물이 이렇게 일어서게 하여 덮어 버리시었다.

삼사가 만드는 기능은 7일을 주기로 한다. 이 밑뿌리가 되는 '삼사 대 · 서너 가지, 그리고 셋 · 넷'은 서너 쉐로사 שְׁלֹשָׁה쉐로솨 · 서 · 너 아르바아 אַרְבָּעָה아르바아 · 너[2] · 서넛 · 죄악을 씻어주는 셋[3] + 넷[4] 반복이다. 이 리듬은 한국 시조문학이 가지는 3 4 리듬이다. 모리스 클라인 Morris Kline은, 수학은 의미를 가진 상징성이 있다[5]하였다. 시조문학과 관련 종장 끝구의 4 3은 하나님의 백성이 애급에 거한 430년알 출 12:40과 양자역학으로 긴밀하다.

---

1) 서인석, 『성경과 언어 과학』(서울: 성바오로, 1992), 123.
2) 암 1: 3, 6, 9, 11, 13, 2: 1, 4, 6.
3) 출 25: 33, 27: 14, 15, 37: 19, 38: 14, 15;.왕상 7: 25; 대하 4: 4
4) 출 22: 1, 25: 12, 26, 34, 27: 4, 16, 37: 3, 20, 38: 5, 19; 민 7: 7, 8: 왕상 7: 34, 18: 33; 대상 9: 26; 잠 30: 24; 겔 1: 10, 16, 10: 10, 40: 41, 42, 43: 15; 단 7: 3, 6, 8: 8; 행 12: 4, 21: 9, 27: 29.
5) Morris Kline, 『수학의 확실성: Mathematics the Loss of Certainty』, 박세희 옮김 (서울: 민음사, 1986), 280.

서넛 리듬은 ①. 족한 줄을 알지 못하여 족하다 하지 아니하는 것 서넛$^{잠\ 30:\ 15}$ ②. 내가 심히 기이히 여기고도 깨닫지 못하는 것 서넛$^{잠\ 30:\ 18}$ ③. 세상을 진동시키며 세상으로 견딜 수 없게 하는 서넛$^{잠\ 30:\ 21}$ ④. 잘 걸으며 위풍 있게 다니는 것 서넛$^{잠\ 30:\ 29}$으로 성경에서 4회 사용하였다. 삼사, 혹은 서넛, 서너 가지의 나열은 일곱의 결합조건을 이루기 위해서 죄악을 씻어줄 전제조건이다. 하나님의 사랑으로서의 '삼사·대·서너 가지, 그리고 셋·넷'은 물과 관련이다. 엠퍼손 William Empson은 상징을 일곱으로 분류1) 하나님은 바벨론 군대 앞에 좌절하는 엘리야의 마음을 위로하시려 무릎 꿇지 아니하는 7000명을 남겨$^{왕상\ 19:\ 18}$두시었다. 성경은 일곱째 날$^{창\ 2:2}$·일곱 양각 나팔$^{수\ 6:4,\ 6,\ 8}$2)·하나님의 아들들3)·예물·우물·교회·나팔$^{요계\ 8:6}$·일곱 인$^{요계\ 8:8}$·수양·수송아지$^{욥\ 42:8}$·천사$^{요계\ 8:6}$·일곱 집사·진노의 대접$^{요계\ 16}$등이라 한다.

이 서너의 황금 비율은 파이^{π}비율이다. 십자가형의 직 사각형 비율이다. 물 흐르듯이 흐르며 사는 생물들의 황금비율 흐름 3과 4의 비율은 하나님의 사랑인 햇볕과 물과 공기의 비례이다. 부활 율이다. 온

---

1) William Empson, *Seven Types of Ambiguity* (London: Chatto and Windus, 1947), 1.
2) 천 사무엘, 『구약 외경의 이해』(서울: 한국 신학 연구소, 2003), 107.
3) 창 6: 2; 욥 2: 6; 욥 38: 7; 시 29: 1, 89: 6; 단 3: 15; 호 1: 10.

자연계의 삼라만상의 이 리듬은 활기와 생기를 불어 넣어 주는 리듬이다.

십자가형의 모양과 예수님의 가슴이 되는 십자가에서 사랑의 피가 자연계에 흔적이 된 황금 율이다. 천지만물은 설계자의 흔적이다. 황금의 수*golden number* 파이$^\pi$비율 유클리드$^{Euclid, B\cdot C. 300\ 년경}$이다. '한 선분이 동일하지 않은 두 개의 선분으로 나누어진다'. 전체 선분에 대한 긴 선분의 비율과 긴 선분에 대한 짧은 선분의 비율이 1.6180339887…이다. 이 비율은 모든 자연계에 걸쳐 나타$^{Livio\ 2003:\ 65}$난다. 천체 물리학자 Mario Livio는 해바라기 꽃의 씨가 시계 방향과 반시계 방향의 나선 형태로 얽히면서 꽃의 중심을 향한다는 것이다. 이 비율은 한쪽 방향으로 감겨지는 씨앗의 수와 다른 방향으로 감겨지는 씨앗의 수 사이에 특정한 비율 55 · 34, 89 · 55, 144 · 89, 233 · 144라는 것이다.

결정 학자 *Crystallographer Auguste Bravais*^{1837}와 식물학자 Louis는 새로운 잎이 줄기에서 돋아날 때 "파이에 의해 결정된 각도에 따라 잎들 배열은 거의 겹쳐지지 않으면서 가장 유효한 방식으로 공간이 채워진$^{Ibid.\ 66}$다 하였다. 파이 황금 비율은 제곱을 드러내 단순한 파이에 일을 더함으로써 1.618 X 1.618=2.617924^{Ibid}가 되게 한다.

윌슨은 행성에서 그 비율이 8: 21이어야 하는데 그렇지 않음에도 불구하고 피보나치$^{8\ \cdot\ 13,\ 13\ \cdot\ 21}$라 하였다. 전 우주와의 관계에서 부활비율은 태양 주위를 공전하는 행성들의 공전 주기와 식물 주기와 식물 줄기의 잎 배열이 부활 의미 내포, 이 황금 비율은 생물·무생물의 좌우 대칭이 되는 수학 정확성을 하나님의 흔적으로 한다. 이 3 4 리듬은 한국의 시조작품에 어엿이 존재하는 삼라만상이 숨 쉬는 흔적이다. 하나님이 그의 백성의 서너 가지 죄악을 없애주시는 초월성이다. 마를 바흘$^{Marl\ Wahl}$의 잎들과 꽃들의 숨 쉼 황금률1) · 브로다르스키$^{J.\ Wlodarski}$의 사랑의 나선형 · 훈트리^{Huntley}의 하나님의 가슴 속에 한 점 피로 감기면서 하나님이 피어내는 사랑의 빨간 꽃 열매2) · IT 사역위원회의 URL3) 황금율 리비도^{Livio} · M의 *The Golden Number*4) · 루니온$^{Garth\ E.\ Runion}$의 십자가의 파이 비율로 하나님이 인류의 죄를 씻기는 사랑 부활표이다. 신의 능력5) 곱수 126) 제자들에게서 꽃피는 이 비율은 죽었다가 다시 꽃피우는 능력은 신의 능력7)이다.

---

1) Marl Wahl, *A Mathematical Mystery Tour*(Tucson: Zephry Press, AZ. 1988), 128.
2) H. E. Huntley, *Fibonacci and the Atom* (Fibonacci Quarterly 12, 1969), 523-524.
3) http: · · www.rae.org
4) Livio, M. *The Golden Number. Natural History* (Harvard, 2003), 112, no. 2. Stephen Caesar holds his master's degree in anthropology.
5) Garth E. Runion, *The Golden Section* (Dale Seymour Publications: Palo Alto, CA. 1990), 84-85.
6) 『하나님의 수학』. op. cit, 79-85.
7) Garth E. Runion, *The Golden Section* (Dale Seymour

□ 이영지 시학

장미와 앵두의 기독교시학

이 영 지
(문학박사. 철학박사 시인 시조시인)

1. 서론

(1). 문제의 제기

 본 논문은 이영지 시인의 시집 『장미와 앵두』에서 연작 제목으로 일관되고 있는 100편에 대한 '장미'와 '앵두'를 등가성으로 연구한다. 시에서의 '장미'와 '앵두' 모두 살아있음의 진리인 정체성을 붉은 빛으로 한다. 그럼으로써 이 빛은 피의 상징성이지만 시인의 시 창작과정에서 시어로 사용하기에는 다소 금기어이다. 이에 시인은 시적 등가성으로서 우리가 늘 즐겨하는 전설적인 장미와 그리고 아주 매력적이고 전설적인 앵두로 하였다. '장미와 앵두'가 같이 엮어 질 수 있는 것은 둘 다 장미과에 속함으로 서이며 살아 있음의 소중함을 구체적인 꽃과 열매의 지

Publications: Palo Alto, CA. 1990), 84-85; 『하나님의 수학』,. op. cit, 79-85.

시어로 가장 사랑하는 사람들 사이에서 오고 갈 수 있는 의미어이다.

살아있음의 상징이야 피보다 진한 것은 없다. 그러나 이를 대신한 장미와 앵두 그리고 이를 뒷받침해 주는 잎의 푸르게1)를 들 수 있다. 빨갛고 파란 꽃과 잎의 관계는 살아있음의 표시의미 피를 숨기고 있다. 더구나 앵두나무는 붉은 색이어서 그 오묘함의 대립성 즉 빨갛고 파란 잎의 극치를 드러낸다.

실제 살아있음의 눈으로 볼 수 있는 것이야 피이지만 마찬가지로 시에서도 부담되는 언어이다. 성경에서 '피'는 '담'이라 한다. 가장 쉽게 설명하면 히브리어로 우리가 아는 사람 아담으로 설명할 수 있는데 아담의 '아'는 나를 말하고 '담'은 흔히 우리가 말하는 몸속에 담이 있다라는 말을 하듯이 피의 흐름을 말한다. 담은 피이니까 내가 피를 가진 존재 살아있는 존재 바로 나이다. 피와 관련한 성경적 이해는 대표적으로는 빨간색으로 죄인을 위해 예수 그리스도의 피로서 대속하는 상징 색깔이다. 바로 나란 존재는 귀한 존재이다. 예수님이 내 죄를 대신하여 피를 흘리셨으므로 나는 살아 있는 귀한 존재이다. 이영지의 시집 『장미와 앵두』는 서정 신앙시이다.

이 세상에는 남자와 여자뿐인데 이 남자와 여자가 생기게 된 이유가 성경에는 있다. 남자 아담 피를 가진 곧 가진 존재 내인 남자가 너무 외로워하니까

---

1) פֶּרֶג(페레그/ 푸르게, 시 65: 10).

하나님이 남자 아담 곧 나의 왼쪽 갈빗뼈로 여자를 만들어 준다. 오죽하면 하와에 대하여 '이는 내 뼈 중에 뼈요 살 중의 살'1)이라 할까. 시적 조명2)이다. 힐만은 아담의 하와3)를 부부로서 부모가 되는 관계4)라 하였다. 아담은 인식하고 배워서 이끌어내는 문자적 의미가 있다. 남자 아담의 갈빗대 하나를 빼내서 하와를 만들었기 때문에 둘의 관계는 혈연관계이다.

과학적 이해로는 여전히 남남인 부부사이를 성경은 사람 아담부터 만들어 내는데 우리 셋 곧 성부와 성자와 성령이 합하여 삼위일체가 만들어낸다 하였다. 하나님의 형상 그대로 태어난 사람 아담이다. 아담이 성령과 피와 물 이 셋이 합하여 하나니라5) 하여 만들어 낸 사람이다. 증거가 된 남자 아담은 하나님이 주신 진리를 인식하고 배워서 이끌어 내는 존재이다. 일반적으로 남자는 아담하게 기억하는 존재이다. 남자는 하나님의 뜻을 지키는 존재, 지키려6) 하는 존재이다. 그런데 여자는 남자의 기억을 기록할 녹명 인자7)이다. 남자가 여자를 보고 내게 와8)

---

1) 창 2: 23.
2) 홍문표,『기독교 문학의 이론』(서울: 창조 문학사, 2005), 533.
3) 창 2: 22.
4) James Hillman *The Myth of Analysis*(New York: Harper colophon books. 1978), 216~217.
5) 요한 일서 5:8.
6) זָכָר(자카르 · 남자, 창 1: 27, 32: 13).
7) 錄名因子.

하는 존재는 여자이다. 남자인 아담이 내게 와 하는
존재 그래서 여자는 남자에게로 시집갔다. 둘은 부
부다. 부부는 혈연관계1)다. 갈빗대 '대신'으로 번역된
이 '대신'이 바로 밑바닥에 닿았다이다. 이 닿았다2)
의 부부관계는 살3)이 닿았다이다. 브라트시오티스4)
는 복음 곧 여성 이미지라 하였다. 여인들은 늘 조
잘조잘 대며 말을 많이 한다. 바로 복음을 전하는
자, 여자이미지이다. 둘은 서로 살이 닿아 복음의 씨
를 낳는다.

이번 소재가 되고 있는 장미와 앵두는 생명의 땅
에서 잘도 자라 사랑열매 색을 빨강색으로 한다. 가
장 대표적인 생명의 살아 있음 표시이다. 파아란5)
잎을 달며 파랗게6) 무성하여 지면 푸르러서7) 푸르
게 배어8)나온 장미와 앵두이다. 살아있음을 선물로
한다.

그런데 이 사랑 표시인 장미는 달콤한 향기도 있
을 뿐만 아니라 가시도 있다. 미움도 있다. 그래서
상처로 남는다. 그리고 소중한 열매 앵두는 가장 아
름다운 처녀의 입술 '앵두같은 입술'이 시에서 쓰일

---

8) נְקֵבָה(내게바 · 여자, 창 1: 27).
1) 창 3: 16.
2) תַחְתֶּנָּה(타흐타나 · 밑바닥, 창 2: 21).
3) בָּשָׂר(빠사르 · 살, 창 2: 21).
4) Bratsiotis, N. P,"בשׂר," *TDOT* Ⅱ, 317-332.
5) פָּרָה(파아라아 · 생육 · 번성, 출 1:7; 사 11:1).
6) פֶּרֶת(파라트 · 열매맺다 호 13:15).
7) פָּרִיץ(프로쯔 · 창성, 출 1:12).
8) וְהִפְרֵתִי(베히프레티 · 내가..번성케하리니, 창 17:6).

수 있다. 그리고 아가의 입술도 된다. 그 순수한 그리고 가장 마음이 잘 표현된 앵두, 앵두 입술이다. 더구나 앵두 볼은 신앙생활과 관련한다면 말씀에 익을 때로 익어 아주 말갛게 사랑을 잘 전하는 앵두입술이다.

아름다운 앵두 색을 그리고 장밋빛을 연결하게 된 장미와 앵두로 신앙생활을 깊이 하며 아름다움을 만끽하는『장미와 앵두』시집은 2부로 되어 있다. 1부 장미와 2부 앵두이다. '장미와 앵두'는 실존의 중요성으로 시조시인으로서의 정체성을 알린다. 한국 전통시인 시조가 초장에서 꿈을 그리는 리듬이 된 점을 연구[1]한바 시조문학작품 초장에서는 절대자에 대한 흠모 내지는 꿈이 들어가게 시작된 서정시가 되게 한다. 절대성을 꿈으로 하는 초장은 나의 신앙 그 절대자는 높다. 이와 달리 중장은 '나'에 대한 의미리듬을 낮고 낮은 위치로 한다. 절대자와의 거리를 신앙 고리로 한다. 그리고는 종장에서 그 회복을 감사나 그리고 기쁨으로 한다. 『장미와 앵두』시조집은 전 세계에서 유일하게 존재하는 한국시조작품의 초·중·종장이 가지는 의미리듬을 지닌다.

---

[1] 이영지, '전통성'『이상시연구』(서울: 양문각, 1985).,『이상시학 연구』(근간 ., 352~368),『한국 시조시학 연구』(근간) 참조.

(2). 신앙서정시의 정체성

이 문제제기는 그만큼 우리 한국 시조가 초장에서는 시인의 꿈을, 그리고 중장에서는 현실적 감각을, 그리고 종장에서는 현실과 꿈을 잘 조화롭게 한다. 고조선 시대의 조화시대와 이미지로 얽힌다.『장미와 앵두』시집은 수천 년의 역사가 증명해주는 한국 전통 시 시조작품의 형태이다. 이영지 신앙 시『장미와 앵두』는 시조 특징인 초장에서의 인간이면 누구나 가지는 초월성과 중장에서의 꿈과는 다른 현실성 그리고 종장에서 회복성이 주제다.『장미와 앵두』시조집에서의 시적 화자 '장미' '앵두'로 한 시인과 절대자와의 사이에서 ①. 하나님에 대한 노래이다. ②. 기다림, ③. 기쁨의 존재 살아있음을 들어낸다. 초월과 현실의 시 전편에 흐르는 리듬은 절망이 아닌 기쁨이다. 현실을 이길 수 있는 절대치 시조종장에서의 첫 구의 3자이다. 이 절대성과는 달리 허사적 리듬이 종장 끝구 허사적 리듬이다. 소월시의 허사적 리듬[1]과 이세보 시조집 456수에서 허사적 리듬[2] 그대로이다.

---

1) 소월의 「진달래꽃」시 4연의 '산에는 꽃지네/ 꽃치지네/ 갈 봄 녀름업시/ 꼿치지네'이다. 시조의 경우 종장 4구에 해당하는 '하노라'류의 생략형 어미와 연계된다. 없어도 좋을 싯구를 그냥 시의 아름다움을 위해 놓아준 시이다. 한국인들은 여백의 미를 즐긴다. 어울림의 아름다운 리듬으로 놓여 진 시의 율격이다. 이 「진달래 꽃」시 4연은 시조처럼 허사적 리듬을 가진다: 이영지,『한국시조시학연구』(서울: 창조문학, 2023)., 385.
2) 진동혁 역,『이세보시조집』 서울: 정음사, 1984.

2. '장미'와 '앵두'

시집 『장미와 앵두』는 1부와 2부로 나뉘어 있다. 1부에서는 장미를 그리고 2부에서는 앵두를 소재로 하였다.

1). 장미

장미의 꽃말	
빨간 장미	욕망 열정 기쁨 아름다움 절정
하얀 장미	존경 빛의 꽃 순결 순진 매력
핑크 장미	맹세 단순 행복한 사랑
노란 장미	질투 완벽한 성취 사랑의 감소
빨강과 하얀 장미	불과 물의 결합, 반대되는 것들의 결합
파란 장미	얻을 수 없는 것, 불가능한 것
빨간 장미 봉오리	순수한 사랑, 사랑의 고백
하얀 장미 봉오리	나는 당신에게 어울리는 사람이예요

장미송이에 의미부여	
장미 한송이	하나 절대 님
장미 다발	비밀스런 사랑을 하고싶어요
미니 장미	끝없는 사랑
결혼식의 장미	행복한 사람
장미 왕관	선행에 대한 보상
4 잎 장미	우주의 네 부분
5 잎 장미	소우주
6 잎 장미	대우주
들장미	고독, 소박한 아름다움

장미송이수의 선물	
빨간 장미 한송이	왜 이제야 내 앞에 나타난 거야
분홍 장미 한송이	당신은 묘한 매력을 지녔군요
하얀 장미 한송이	다시 만날 수 있을까요?
노란 장미 한송이	혹시나 했는데 역시 꽝이야
빨간 장미 44송이	사랑하고 또 사랑해요
하얀 장미 100송이	그만 싸우자. 백기 들고 항복이야
노란 장미 24송이	제발 내 눈앞에서 이사 가줘
빨간 장미 119송이	나의 불타는 가슴에 물을 뿌려주세요
노란 장미 4송이	배반은 배반을 낳는 법
빨간 장미와 안개꽃	오늘만큼은 그냥 보낼 수 없어요

 이러한 일반화된 장미 이야기는 전설부터 시작된다. 신이 장미를 만들자 사랑의 사자 큐피트는 장미꽃에 입맞춤 하려 입술을 내밀었다. 꽃 속에 있던 벌이 놀라 침으로 큐피트의 입술을 콕 쏜다. 여신 비너스가 벌의 침을 빼내 장미 줄기에 꽂아 둔다. 그 후에도 큐피트는 가시에 찔리는 아픔을 마다 않고 장미꽃을 사랑했다 한다. 사랑이 깊어질수록 아픔을 참아가면서도 서로 사랑하는 이미지이다.
 붉은 장미의 전설도 있다. 페르시아 꽃의 지배자 연꽃이 밤에는 잠만 자고 다른 꽃들을 지켜 주지 않자 여러 꽃들이 신에게 일러바친다. 신은 꽃들을 안전하게 지키도록 흰 장미를 만든다. 나이팅게일 새가 날아왔다가 하얀 장미에 반해 품에 안자 가시에 날개가 찔려 흰 장미를 붉게 만든다. 그리고 이스라엘에 자이라라는 아가씨는 예쁘고 총명하여 모든 이의 사랑을 받는다. 하지만 헴엘 불량배의 청혼을 거절받자 자이라를 마녀라 모함하게 되고 마을에 알 수 없는 병이 돌자 마녀 자리라 짓이라 퍼뜨린다.

자이라는 화형을 당하는 위기가 왔으나 신의 힘으로 나무만 불에 탄다. 나무에서 새싹이 나 장미꽃이 피고 지이라도 살았다 또 미소년 아도니스라는 미의 여신인 아프로디테의 사랑을 받는데 이를 질투한 아프로디테의 남편 헤파이스토스는 멧돼지로 변해서 사냥을 하던 미소년을 물어 죽인다. 미소년의 흘린 피로 아네모네 꽃이 피었고 미의 여신 눈물에는 장미꽃이 피었다.

왕위 계승권의 귀족간의 전쟁 장미 전쟁이 있다 쌍방 간에 붉은 장미, 흰 장미를 각각 문장紋章으로 삼는다. 장미 십자회도 있다. 예수 그리스도의 부활과 구속을 뜻하는 십자가와 장미 문장이 그려진 깃발을 사용해서 붙여졌다. 장미성운도 있다. 장미모양을 닮은 거리 약 4600광년, 시지름 약 64′×61′, NGC 2244라는 산개성단을 쌓는다. 장미성운은 내부의 Oe형에 의하여 자극되어 휘선을 발하는 발광산광성운이다. 또한 은하전파원銀河電波源으로도 알려져 주파수 250MHz로 강도 5~6의 전파를 낸다.

장미가시는 해충이 꽃에 피해를 입힘을 막는 도구이다. 그리고 색이 파란 장미는 없다. 빨간 장미와 잎의 파란 색은 신이 주신 잎 색이다. 또한 장미 향기에는 여성 호르몬을 자극하는 성분이 있다. 자신이 좋아 보이어 스트레스가 해소되며 기분이 좋아진다.

이 시집의 '2부 앵두'의 앵두는 장미과에 속[1]한다. 앵도櫻桃·차하리·천금이라고도 한다. 공 모양으로 6

월에 붉게 익는다. 맛이 새콤달콤하다. 단백질·지방·당질·섬유소·회분·칼슘·인·철분·비타민A·B1·C 등1)이 있다.

앵두나무의 전설은 주로 효심에 관한 것이다. 앵두를 너무 좋아하신 늙은 어머니가 살았는데, 앵두를 너무나 먹고 싶어하자 효심을 읽은 앵두가 제 철이 아닌데도 열렸다는 이야기이다. 다른 과일보다 조금 이른 6월에 붉게 익는다. 그 열매를 우리는 먹는다. 다른 과일보다 조금 빨리 열리는 특이한 점이 앵두나무전설이 엮여 진 것일 것이다.

---

1) 앵두나무는 가지가 많고 키는 3m에, 잎은 어긋나며, 잎 가장자리 조그만 톱니가 있다. 잎의 앞뒷면에 털이 나 있다. 잎이 나오기 전에 꽃이 1~2송이씩 흰색 또는 연한 붉은색으로 잎과 꽃받침 잎은 각각 5장이다. 열매는 6월경 붉은색의 둥근 공 모양 '앵두' 또는 '앵도'로 날것으로 먹는다. 관상용, 고려시대의 〈동국이상국집 東國李相國集〉에 기록, 앵두가 청량제이고 독이 없으며 비기(脾氣)를 돕고 안색을 곱게 한다.
1) 사과산·시트르산 유기산이 있다. 붉은 빛깔의 색소는 안토시안계로 혈액순환제, 부종치료, 폐, 혈색, 동상치료제다. 『제민요술 齊民要術』에 식용기록. 고려『포은집 圃隱集』.

앵두는 앵두나무조차 붉다. 장미과에 속한 앵두나무는 4월이면 잎이 채나기도 전에 하얗게 핀 관상용 lek. 하얀 꽃이 피고 거기다가 초록잎 앵두나무 이파리와 예쁜 여인네의 입술을 닮은 빨간 앵두열매의 환상은 사랑스러운 여인 모습이다. 앵두 알 하나하나에서 반짝 반짝 빛나며 단맛이 난다. 방울토마토보다 작다. 6월 한광주리 따다 우물에 우둑우둑 씻어 온 집안 식구가 모깃불을 피워 놓고 평상에 오순도순 둘러앉아 도란도란 이야기꽃을 피우며 먹는다.

절대자는 그 흔적 이외에는 자신의 모습을 숨긴다. 다만 아름다운 장미와 앵두로 절대자의 흔적을 아름답게 표현하여 생명의 살아있음의 극치를 이루는 이 일을 시인은 시를 통해 드러내려 한다. 이 모습 숨김을 시인은 1부와 2부 모두 처음에서 눈으로는 보이지 않는 하나님을 "어디 있니"로 시작하여 신앙시의 면모를 은유하였다.

2. 장미와 앵두

『장미와 앵두』

순	1부 장미	주제	순	2부 앵두	주제
1	장미야 어디 있니	사랑 숨음	51	앵두야 어디 있니	먹이
2	장미의 물방울	생명의 물	52	앵두입술	먹이장소
3	장미 飛	날기	53	앵두 더드미	먹이찾기
4	장미꽃잎과 청소부	아름다움	54	앵두입술로	유월절
5	그리움이 물들면	물들기	55	앵두입술 종	먹이알림
6	오월의 장미는 男	빨간 모자	56	앵두햇살덩이	햇살
7	눈을 들어 본 때	눈에 띄는	57	앵두꽃사슴	눈
8	사랑 장미의 길	사랑장미	58	앵두와 홍매화	사랑 맛

9	장미의 아빠 엄마	웃음 부탁	59	사랑울음	유혹
10	안 해 장미	아내 웃음	60	앵두오동통통	유혹
11	은방울 장미	행복 웃음	61	앵두꽃잎 눈금	앵두
12	장미의 행복이끼	행복정의	62	앵두꽃잎 나리	봄 봄
13	노란 장미와 빨간	이별 만남	63	앵두입술2	유혹
14	행복장미 잎 잎	안식 잎	64	물고기 앵두입술	통일
15	장미 비	그리움	65	아가 앵두입술	선물
16	장대 장마 장미	안았어요	66	앵두피리	눈 밝아
17	장미가 오라네	앵두입술	67	앵두줄기	예수
18	장미꽃잎이	아름다움	68	앵두달팽이	차례
19	장미 섬	유혹	69	앵두가을	저장
20	장미 잎 사랑	안식	70	앵두 바람	바람
21	오로지 장미	오로지	71	앵두 기다림	기다림
22	꿈길 장미	소녀의 꿈	72	앵두아가	자람
23	사랑 움이 돋아	사랑 움이	73	앵두선생님	좋아
24	장미 너는	빛	74	앵두능금	선물
25	아예예	그리움	75	앵두내음	기분 좋음
26	날보는 장미	알았어요	76	앵두바람2	울렁울렁
27	오 병이 났다	사랑 때문	77	앵두 약수	약수
28	아가서	사랑 병	78	앵두 불	불
29	얼마나 달라	사랑최고	79	앵두사랑	살아있음
30	열매와 장미	사랑 결실	80	기도 앵두 볼	기도 후
31	장미다발	사랑부피	81	어머니 앵두 볼	아만;
32	그리운 장미	그래서	82	보고픈 어머니	어머니
33	그대 장미	그대	83	어머니의 오!	사랑
34	장미는 늘	사랑은 늘	84	어머니2	보고픔
35	장미 피었으니	늘 사랑이	85	어머니의 앵두	사랑
36	장미 안고	헤어짐	86	희명	교육
37	장미연서	연서	87	닮은 앵두	피
38	장미 사랑요	사랑	88	어머니 시집	시집
39	장미꽃망울	행복오기	89	아가야	사랑결실
40	장미 하 좋아	좋아	90	앵두미소	미소
41	장미 별	빠짐	91	앵두웃음	웃음
42	장미 입맞춤	달콤함	92	어머니사랑	어머니
43	장미 바람	오직	93	아가하늘	자람
44	장미 사랑	사랑농도	94	앵두색 살짝	조화
45	사랑받는 여인	사랑소유	95	앵두노래	하나로
46	사랑스러운 장미	아름다움	96	앵두 색	표시
47	장미 손을	사랑 들고	97	앵두입술신부	새 삶
48	나도 모르게	사랑웃음	98	앵두입술이	아가는
49	울렁울렁 장미	두근거림	99	앵두꽃 필 무렵	봄
50	장미도장	사랑소유	100	앵두옥색고무신	사랑신고

이영지 시집 『장미와 앵두』는 장미와 앵두의 등

가성을 둘 다 장미과에 속하는 이유로 같이 묶였으며 1부의 장미는 향기와 색채로 그리고 2부 앵두는 먹을 수 있음과 색채로 의인화한다.

이영지의 시집 『장미와 앵두』의 '장미와 앵두'의 시적 화자는 3위가 되는 '초장 중장 종장'의 시조작품의 형식으로 시작한다. 삼위의 절대리듬을 시작으로 하는 1부의 장미나 2부의 앵두 모두 한국의 전통 시가 가지는 시조의 초장은 꿈을 드러내게 창작하였다. 성경은 창세기에서 우리 셋이서 사람을 '만들자'의 그 분이 우리들이라 한 셋이 하나 되는 리듬이다. 바로 눈을 높이 들어 쳐다보는 3위의 당신을 본 연구자 이영지는 장미와 앵두로 하여 그 빨강색이 지니는 절대세계를 황금비율 곧 전통 시 시조가 지닌 3글자와 4글자의 조화로움을 사랑의 의미로 한다. 합하여 7글자가 되는 신비의 조화는 성경의 3과 4와의 연계성이 가능하다. 이 3과 4글자가 만드는 아주 중요한 시조작품의 뚜렷한 작품형태미는 신앙 관점에서 죄악과 관련된다. 성경은 죄를 짓는 특징을 '서너'라 표현하여 3과 4의 수리수를 제시한다. 서너 사람들로 표시한다. 서너[1]는 시조문학의 리듬이

---

[1] 불순종 서너 가지가 바로 8회 "여호와께서 가라사대 .. 서너가지 죄"로 인한 8회다. 매 회마다 '코 아마르 여호와 알-쉐로솨 프스에.베알-아르바아아'이다. 다메섹 · 가사 · 두로 · 에돔 · 암몬 자손 · 모압 · 우다 · 이스라엘 순서다. 다메섹의 서너 가지 죄로 시작되는 순서다. ① 첫째: 다메섹 저희가 철 타작기로 타작하듯 길르앗을 압박하는 서 너 가지 죄로 인하여 하나님이 그 벌을 돌이키지 아니하겠다는 것이다. ② 둘째: 가사의 서너 가지 죄로 인하여 내가 그 벌을 돌이키지 아니 하는 내용이 바로 가사 저희가 모든 사로잡은 자를 끌어 에돔에 붙였기 때문이다. ③ 셋째: 두로 의 서너 가지 죄는 저희가 그 형제의 계약을 기억하지 아

다.

 신이 아닌 사람은 누구나 죄를 짓는 무게를 성경은 서너 가지로 한다. 바로 우리의 일상성을 말한다. 바로 시조작품에서 이 '서너'의 3과 4글자의 아름다운 리듬을 근거로 하나의 구를 나타나는 7자를 형성한다. 시조작품은 이 아름다운 3 4의 리듬을 무려 4회 반복한다. 그리하여 초장과 중장을 만들어 낸다. 이 리듬은 성경에서 그대로 서너 가지의 죄 무게를 감당해주는 그분이 있다. 이 죄 무게를 갚는 의미를 3과 4가 합한 수 7로 한다. 곧 죄를 사하는 수치로 한다. 그 주인공이 예수이다. 바로 우리가 늘 쓰는 직사각형의 비율이 다름 아닌 3:4의 비율이 신학적인 십자가의 비율이고 시조작품만이 지니는 비율 3자 4자의 3:4 비율이 합하여 만들어 내는 리듬이다.

니하고 사로잡은 자를 에돔에 붙였기 때문이다. ④ 넷째: 야곱의 아들 중, 형이 차지한 에돔이 칼로 그 형제를 쫓아가며 궁휼을 버리며 노가 항상 맹렬하며 분을 끝없이 품은 죄(암 1: 11)이다. ⑤ 다섯 째: 여호와께서 가라사대 암몬 자손의, 롯의 아들과 그 자손이 자기지경을 넓히고 있다. 죄악은 길르앗의 아이 밴 여인의 배를 갈랐기 때문이다. ⑥ 여섯째: 여호와께서 가라사대 모압이 에돔 왕의 뼈를 불살라 회를 만들었기 때문이다. ⑦ 일곱째: 저희가 유다 죄로 여호와의 율법을 멸시하며 그 율례를 지키지 아니하고 거짓 것에 미혹하였기 때문이다. ⑧ 여덟째: 이스라엘 이 은을 받고 의인을 팔며 신 한 켤레를 받고 궁핍한 자를 팔았기 때문이다. 3과 4의 합은 7이다. 7의 1000배로 하나님은 바벨론 군대 앞에 좌절하는 엘리야의 마음을 위로하시려 무릎 꿇지 아니하는 7000명을 남겨두시었다. 7의 10배, 7의 100배, 7의 1000배의 일곱 강조는 일곱째 날 · 일곱 양각 나팔 · 하나님의 아들들 · 예물 · 우물 · 교회 · 나팔 · 일곱 인 · 수양 · 수송아지 · 천사 · 일곱 집사 · 진노의 대접등에서 성경은 유별나게 이 일곱을 강조한다. 7은 3과 4의 합이다. 이 황금비율을 성경은 여호와께서 백성의 상처를 싸매신다. 고치시는 날에는 달빛은 햇빛 같겠고 햇빛은 칠 배가 되어 일곱 날의 빛과 같으리라 하였다. 일곱 집사를 비롯하여 바알에게 무릎 꿇지 아니하는 7000명을 남겨 두었다. 수양 일곱과 수송아지 일곱을 번제드리며 일곱인 · 일곱 나팔 · 일곱 교회 · 일곱 천사 · 진노의 일곱 대접 등 이 일곱은 203회나 반복된다.

십자가비율 이 3:대 4의 직사각형적 황금비율은 예수님의 가슴 한 가운데로 모아지며 사랑의 나선으로 예수님 가슴 안에 한 점 피로 종결된다. 십자가형의 모양 비율 그대로 예수님 가슴이 되는 십자가에서의 사랑의 빨간 피가 되고 그 대표적인 상징성으로서 장미가 된다. 동시에 이 시인은 이 의미를 심상 곧 이미지로 먹는 앵두로 하였다. 예수님의 가슴에서 흘리는 피인 자연계에 흔적이 바로 빨간 장미이고 열매 앵두이다.

   이 비율은 황금 비율 1:1.6180339887…을 만든다. 이 황금 비율은 활기와 생기를 불어 넣어 주는 황금 비율 3·4의 파이비율이다. 17세기 수학자 Jakob Bernoulli에 의해 처음으로 공식화 되었다. 계속해서 황금 직 사각형 안으로 점점 더 작은 황금 직 사각형을 만드는 대수 나선이 되어 안으로 곡선이 형성된다. 황금비율의 3과 4의 흐름 안에서 하나님의 사랑으로 햇볕과 물과 공기를 얻으며 생물들은 산다. 이 비율은 온 자연계에나 삼라만상에 존재하는 리듬이다. 생물들이 살아가는 리듬이다. 따라서 시조작품의 비율 또한 이 온 유주법칙이 적용되는 리듬이다. 그러기에 한국의 시조작품은 자연생성의 리듬이다. 한국의 말로서 나타나는 리듬 비율이기에 시조작품의 중요성이 대두된다.

   이 3·4비율 리듬은 활기와 생기를 불어 넣어 주어 식물 줄기의 잎의 배열로 피보나치 수들이 발견되는 부활비율이다. 줄기의 비율 곧 위에서 내려다

볼 때 줄기의 호[1])가 어떤 엽저[2])의 잎의 밑 부분에서 다음 엽저로 형성되어지는 3: 4의 비율 때문에 햇빛이 비쳐든다. 줄기 둘레에 분획(*fraction*)이 새겨지면서 계속 안으로 접어들어 한 점 꽃 피는 비율이다.

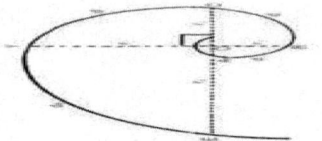 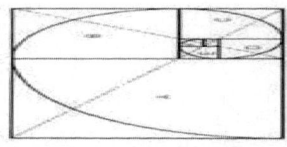

R2/R1 = R3/R2 = R4/R3 = ... = Rn/Rn-1 = 1.618
d2/d1 = d3/d2 = d4/d3 = ... = dn/dn-1 = 1.618
BD/BD = EC/EC = 1.618
EC/BD = 1.618

이 비율은 숨 쉬는 황금나선구조[3])를 만든다. 사랑의 나선형을 만들면서 잎들과 잎들 사이에 햇빛과 공기에 최대한 노출되면서 꽃을 피우는 일은 하나님만이 할 수 있다.

---

1) arc.
2) leaf base.
3) 생물체 내에서도 정보를 담고 있는 DNA 구조 분자는 폭이 21Å(angstrom, 1억분의 1cm), 나선이 완전히 한 번 회전했을 때의 길이가 34Å으로, 둘 다 피보나치 수이다. Å분자는 문자 그대로 긴 황금 직 사각형 더미[Marl Wahl, *A Mathematical Mystery Tour*,(Tucson: Zephry Press, AZ, 1988), 128]를 이룬다. 원자 세계에서는 4가지의 근본적 비대칭(원자핵의 구조, 핵분열 파편의 분포, 많은 동위 원소의 분포, 방출되는 입자의 분포)를 이루는데 비 부활[J, Wlodarski, *The Golden Ratio and the Fibonacci Numbers in the Word of Atoms*' Fibonacci Quarterly(1963. 12), 61.]은 수소 원자의 양이 변하는 상태에서 핵이 연속적인 에너지 단계로 방사성 에너지를 얻거나 잃을 때, 원자의 전자에서도 피보나치 수(H. E. Huntley, 'Fibonacci and the Atom,' Fibonacci Quarterly(1969. 12), 523-524]가 존재하며 태양 주변의 각 행성의 공전주기를 인접한 행성의 공전주기와 정수(round numbers)에서도 피보나치 수는 해왕성(Neptume)부터 시작해서 태양을 향해 안쪽으로 감에 따라 그 비는 1 · 2, 1 · 3, 2 · 5, 3 · 8, 5 · 13, 8 · 21, 13 · 14를 이룬다.

이 비율은 모든 자연계에 걸쳐 나타[1]난다. 마리오 리비어 물리학자는 해바라기 꽃의 씨가 시계 방향과 반시계 방향의 나선 형태로 얽히면서 꽃의 중심을 향한다는 것[2]이다. 이 비율은 한쪽 방향으로 감겨지는 씨앗의 수와 다른 방향으로 감겨지는 씨앗의 수 사이에 특정한 비율 55:34, 89:55, 144:89, 233: 144라는 것이다. 어거스타와 루이스는[3]는 새로운 잎이 줄기에서 돋아날 때 파이에 의해 결정된 각도에 따라 잎들이 배열됨으로써, 거의 겹쳐지지 않으면서 가장 유효한 방식으로 공간이 채워[4]진다 하였다. 파이 비율은 황금 비율의 또 다른 수학적 특성 파이 수의 제곱을 드러낸다. 단순한 파이에 일을 더함으로써 1.618 X 1.618=2.617924(lbid)가 되는 자연계 황금 비율이다. 행선 공전주기 및 식물의 나선 잎 정렬과 피보나치수와의 상호 관계를 윌슨[5]이 제시한 비율

---

1) Livio 2003: 65.
2) 이 신비는 느릅나무에서 호는 원주의 1:2이며 너도밤나무와 개암나무는 1:3이며 살구와 참나무 류 2:5 그리고 배와 포플러는 3:8이며 아몬드와 아써 버드나무는 5:13등으로 아름다운 율을 이룬다. 천지만물은 설계자의 흔적이다. 유클리드는 수학상의 황금의 수 파이를 한 선분이 동일하지 않은 두 개의 선분으로 나뉘어진다 하였다.
긴 선분의 비율과 긴 선분에 대한 짧은 선분의 비율이 1:1.6180339887…이다.
3) 1837년 결정 학자(Crystallographer)인 Auguste Bravais와 식물학자 Louis.
4) Ibid. 66.
5) Marcius Willson.

	관측치	이론치	비율	식물
명왕성	90,000(일)(2: 3	해왕성)		
해왕성	60,193	62,000		
천왕성	30,688	31,000	1: 2	느릅나무
토 성	10,670	10,333	1: 3	너도밤나무
목 성	4,332	4,133	2: 5	살구
소행성	1,200-2,000	1,550	3: 8	배

이다. 윌슨은 행성에서 그 비율이 8: 21이어야 하는데 그렇지 않음에도 불구하고 피보나 치(8:13, 13:21)라 하였다. 전 우주와의 관계에서 부활의 예표비율은 태양 주위를 공전하는 행성들의 공전 주기와 식물 주기와 식물 줄기의 잎 배열이 모두 부활의 의미를 내포하고 있어서이다. 황금 비율은 생물과 무생물의 좌·우 대칭으로 드러나는 아름다움과 정확한 하나님의 흔적이다. 그럼으로써 한국의 전통 시 시조가 지니는 비율은 자생성을 띤다.

마를 바흘은 잎들과 꽃들의 숨 쉼을 황금률1)로 그리고 브로다르스키는 사랑의 나선으로 훈트리는 하나님의 가슴 속에 한 점 피로 감기면서 하나님 사랑의 빨간 꽃이며 열매2)라 하였다.

다음은 황금 율을 리비도3)가 제시한 것이다.

   ① 식물들은 수학을 알았는가?4)
   ② 하나님의 창조에 나타나 있는 형태, 수, 패턴, 그리고 황금 비율,5)

화 성	687	596	5: 13	아몬드
지 구	365	366 8·13	8: 21	
금 성	225	277 13·21	8: 21	소나무
수 성	88	87	13: 34	소나무

1) Marl Wahl, *A Mathematical Mystery Tour*(Tucson: Zephry Press, AZ. 1988), 128.
2) H. E. Huntley, Fibonacci and the Atom(Fibonacci Quarterly 12, 1969), 523-524.
3) Livio, M. *The Golden Number. Natural History*(Harvard, 2003), 112, no. 2. Stephen Caesar holds his master's degree in anthropology.
4) http: www.kacr.or.kr · library · itemview.asp?no=706
5) http: www.kacr.or.kr · library · itemview.asp?no=1629

③ 자연 속에 나타나는 피보나치 수 열,[1]
④ Fibonacci Numbers in Nature, by Jill[2]
⑤ Fibonacci Numbers and Nature,[3]
⑥ Fibonacci Spirals, mathematical art,[4]
⑦The Golden Section in Art and Architecture by Jill Britton,[5]

리비도는 성경적 관점[6]에서 하나님의 황금률 관을 펼쳤고 루니온은 오묘하고도 신비한 이 세계 내의 질서 비율로 십자가의 파이 비율을 하나님과 관련하였다. 곧 하나님이 인류의 죄를 씻기는 사랑이 그냥 없어지는 것이 아니라 부활이라는 특징으로 드러난다. 시조작품의 경우에는 시조 종장의 묘미가 된다. 그러기에 한국의 시조작품은 이 진리 안에서 한국이 존재하는 한 영원히 지속되는 비율이다. 죽었다가 다시 꽃피우는 리듬으로 신의 능력[7]이다.

예수님이 12[8] 제자들에게서 꽃피게 한 오묘하고도 신비한 비율은 이 세계내의 보편성을 이루는[9] 죽었

---

1) http: matrix.skku.ac.kr · sglee · skku-fibo2 · 3.htm
2) http:ccins.camosun.B·C.ca·~jbritton · fibslide · jbfibslide.htm
3) http: www.mcs.surrey.ac.uk · Personal · R.Knott · Fibonacci ·fibnat.html
4) http:www.moonstar.com · ~nedmay · chromat · fibonaci.htm
5) http:ccins.camosun.B·C.ca·~jbritton·goldslide· jbgoldslide.htm
6) The Bible Encounters Modern Science, available: www.1stbooks.com. 출처: Revolution against Evolution, 2003. 9. 2.
7) Garth E. Runion, *The Golden Section*(Dale Seymour Publications: Palo Alto, CA. 1990), 84-85.
8) 3 · 4:『하나님의 수학』. op. cit, 79-85.
9) Garth E. Runion, *The Golden Section*(Dale Seymour

다가 다시 꽃피우는 신의 능력이 한국시조작품 속에 존재한다. 이 특징은 바로 한국의 시조작품이 지니는 특징이고 의미는 사랑의 장미와 앵두로 표시된다. 시적 변용이다. 말씀의 '깊음 위에'1) 서서 시를 써 내려갔기에 하나님의 흔적을 드러내는 감성 시조작품이 담긴 『장미와 앵두』는 임2)을 찾아 나서는 시조작품 100편으로 하였다. 인간 시조시인이 할 수 있는 일은 늘 그 분과 얼굴 마주보기를 간절히 원하여 다른 신을 섬기지 않는3) 마음을 드러내며 보답하려 하고 한국시조작품의 이치를 그 안에 넣으려 노력한다.

(2). 장미의 향으로 목욕하고 사랑의 앵두가 담긴 사랑 잔

향기에 대하여는 장미에서 찾아지는 향수 전설을 찾을 수 있다. 인색한 향수 장수의 딸 로사는 정원사 바틀레이 청년을 사랑하게 되고 청년은 아침마다 정원의 꽃으로 향수를 만들어 한 방울씩 로사에게 몰래 갖다 준다. 마침 전쟁이 일어나 청년은 전쟁에 나갔다가 다시 돌아오지 못하고 유해상자로 온다.

Publications: Palo Alto, CA. 1990), 84-85;『하나님의 수학』.. op. cit, 79-85.
1) עַל - פְּנֵי תְהוֹם(알 페네 테홈 · 깊음 위에, 창 1: 2).
2) הַמַּיִם(하마임 · 그 물).
3) עַל- פָּנָי(알-파아나 야 · 나 외에는, 출 20: 3).

로사의 슬픔은 극에 달하여 향수로 그 유해 상자에 붓자 화가 난 로사 아버지가 향수에 불을 붙이자 딸은 함께 타 죽고 그 자리에 빨간 장미 한 송이가 피었다.

 그러기에 장미 향수로 목욕하는 일1)이다. 장미꽃으로 하는 목욕이다. 장미꽃을 욕조에 넣으면 더운 온도로 서서히 꽃이 피면서 향이 나와 욕탕을 장미향으로 한다. 장미로 린스를 만드는 법도 있다. 백포도주 작은 것 1병 양을 끓이다가 불을 약하게 하고 장미를 넣은 다음 꽃잎이 우러나도록 20분간 서서히 끓인 후 장미를 건져낸 후 글리세린 2큰 술, 꿀 1큰 술, 사과식초 3큰 술을 넣어 고루 섞으면 장미꽃잎 화장수가 된다. 입구가 넓은 유리병에 채운 다음 에탄올을 넣어 뚜껑을 덮고 하루 정도 지나 용액만을 걸려 병에 담아 냉장 보관사용 시 원액에 2배의 물로 희석 후 뿌려 장미향을 낸다. 생수를 끓인 후 식기 전에 장미꽃잎 으깬 것을 3:1 비율로 약 1주일 정도 밀폐하여 사워 후 린스로도 쓴다.

 시는 항상 일상성과 깊은 관련이 있다. 이 절대적인 동경을 시어 체험의 구성으로 한 이미지 시는 신앙시의 체험의식이 드러나 기쁨의 시가 되어 망망대해의 삶을 이겨나가는 비결을 장미향으로 하려 이번 시집에서 사용하였다. 시인에게 향기가 있다. 옛날 시들도 맑고 푸른 산에 올라가 소나무의 솔잎 내음새를 맡으면서 솔잎의 내음새처럼 맑고 푸르고 향긋한 솔잎 내음새가 나는 시를 썼다. 푸른 하늘의 높은 기상을 닮는 시를 시인은 맑고 푸른 하늘의 마음으로 시를 쓴다. 우리 조상들은 옷에도 풀잎과 꽃물을 들여 꽃 색과 풀잎색의 옷을 즐겨 입었다. 때문에 푸르른 내음새가 나는 옷으로 하여 아토피가 없는 시를 쓸 수 있었다. 이영지 시인이 장미와 앵두의 시적 화자로 한 각기의 50편은 모두 빨간 색이되 자연에서 나는 그 맑은 빛이 도는 사랑 빛 빨간색을 선택하였다.

빨간 색은 우리 대대로의 여인들이 결혼 하면서 가장 빛나는 색으로 하였다. 갓 시집 온 새새악시는 빨간 치마를 입고 피 색이 바깥으로 나오는 것을 막는 현명함을 보이었다. 이 색은 화려하며 그 에너지를 표시하는 숨김 시어이다. 그리고 가장 매혹적인 색깔이다. 사람의 기억 속에 저장되는 색이다. 여러 가지 색을 놓고 기억력을 테스트한 결과 이 빨간 색이 단연 우수하게 기억되는 에너지가 된다.

이영지 시인은 이 살아있음의 표시를 제일 처음으로 하고 시조작품이 지니는 서너 가지의 의미확대 서정시로 자유롭게 3401로 하였다.

> 파랗다 잎 곁에서 파랗다 더 파랗다
> 여름이 더운 여름 묶느라 한데 얼려
> 약간은 싱거우면서 떫은맛이 파랗다
> 파랗다 잎을 닮아 파랗다 더 파랗다
> 여름이 익는 여름 묶느라 한데 묶여
> 약간은 못난 듯하며 열매 값이 파랗다
> 파랗다 여름 닮아 파랗다 꼭 파랗다

긴 여름 더위라도 잊느라 더 파랗다
약간은 기다리느라 발걸음이 파랗다
「장미야 어디 있니」 - 새벽기도 · 3401」

　살아있음의 표시는 함부로 겉으로 드러나는 일이 아니다. 금기어 피가 숨겨진다. 그러나 살아있음의 표시는 언제나 드러나게 마련이다. 이 진리의 드러남을 상징하는 장미는 그 속살을 다 드러낸 알몸을 새벽기도에서 「장미의 물방울」로 한다.

해에다
물을 섞어 아침의
사랑 띠를
햇살이 장미 안에 햇볕을 널어놓아
숨구멍 하나하나에 별이 송송
뜨누나

웃음에 별이 뜨고 울음이 앉는다며
예쁘게 콩콩거릴
장미의
물방울이 장미 빛 햇살을 열러 포롱포롱
뜨누나
「장미의 물방울」 - 새벽기도 · 3402」

　살아있어서 우리 눈에 보이는 일은 시인에 의해 절대자 그 분이 "해에다/ 물을 섞어 아침의/ 사랑 띠를/ 햇살이 장미 안에 햇볕을 널어놓아/ 숨구멍 하나하나에 별이 송송/ 뜨누나"의 시조작품을 만든다. 물론 낮에는 별이 뜨는 일이 눈에 보이지 않지만 시에서 가능한 "웃음에 별이 뜨고 울음이 앉는다며/ 예쁘게 콩콩거릴/ 장미의/ 물방울이 장미 빛 햇살을 열러 포롱포롱/ 뜨누나"이다.

  이러한 장미의 첫 등장은 장미와 물방울 사이의 살아있음의 근거를 알려준다. 물은 말씀이다. 생물 장미에 물이 얹혀 지며 살아있음의 표시로 장미나무에서 발가벗고 일어선다. 물기를 얹고!.

    장미야
    발가벗고 오느라 방울방울
    물 묻여
    오 오느라

    또 내가
    간지럽다

    장미를 가슴에 안고
    꽃가지 끝
    건네자

                           -「장미 飛 - 새벽기도 · 3403」

    이 아침
    장미꽃잎 떨어져
    이른 아침
    장미의 꽃잎 잎이 나포울 땅에 내려
    장미 잎 내려앉으면 청소부가 줍는다

    길가에 떨어지자 장미 잎 청소부가
    장미 잎 모아두면 장미가 피어 난다
    장미 잎 아름다워라 꽃다발의 장미 잎

청소부 가슴에도 장미 잎 나풀나풀
청소부 빗자루에 나포올 나풀나풀
장미꽃 다발빗자루 장미 꽃 잎 덩어리

장미 잎 청소부의 빗자루 장미 잎이
장미가 넝쿨에서 내려와 아롱아롱
꽃길로 장미 차 빵빵 빠방바방 뿥빠앙
- 「장미꽃잎과 청소부 - 새벽기도 · 3404」

  장미나무에 장미가 달림과 장미의 떨어짐을 각기 3번째와 4 번째에서 태어남과 죽음의 현실을 나타냈다. 탄생과 죽음의 비밀에서 장미의 떨어짐을 통해서 청소부를 등장시켜 장미의 살아남 그 부활을 꿈꾸게 하였다. 그 가능성은 시인의 잔 곧 글쓰기에서 하나님의 잔에 담기는 부활이미지를 들려주려 하였다. 물론 청서부가 시인인 분도 있겠지만 그러나 일반적인 개념에서 막 노동을 하는 청소부를 통해 땅바닥에 떨어진 장미꽃잎이 다시 살아남을 시인은 시에서 본 것이다. 이 살아남은 비록 청소부를 통해서이지만 오히려 그 청소부를 통해서 마음의 깨끗함과 그 화려한 부활을 담아낸다. 하나님의 손에 의해 살아나는, 시인의 손에 의해 펜대에서 살아나는 부활이미지다. 하나님의 잔에 담긴 장미의 모습들이다.

노오랑
나랑 장미
그 뿐 홍
부끄장미

빠알강
알알장미
동그란 입을 열어
오라는
웃음으로만
함빡함빡
달리는

오오오
달이 뜨면 달덩이
딸 빛이야
오오오
별이 뜨면 별 꿈이
별 빛이야
하늘에
휘늘어지며
장미넝쿨
오오오

－「그리움이 물들면 － 새벽기도 · 3405」

오월의 장미 남자
빠알간 모자 쓰고

빠알간 티셔츠로
그리움 하늘 높이
꿈 덩이 하나로 하여
초록 덩이 안에서

빠알간 모자 쓰고
빠알간 티셔츠로
힘겨운 목숨덩이
아예에 하늘에다

두고는 나 보란 듯이
모자 쓰는
남자다

-「오월의 장미는 男 - 새벽기도 · 3406」

  장미의 갖가지 색과 어울려 한 세상을 잘 살아간 남자의 모자와 티셔츠의 빨강색으로 장밋빛 색으로 삶이 되살아난 부활 이미지다.

딱 눈을 들어 본 때
장미가 아롱아롱
하늘의 중간쯤에
빠알간 노란 분홍
장미님 저도 놀라
놀라서 르이 빠져진 노란 장미 장미다

딱 눈을 들어 본 때
장미는 분홍장미
분바른 분홍 장미
초록의 잎사귀에
풀 푸른 분홍장미로 부끄러이 장미다

딱 눈을 들어 본 때
그리움 빨강장미
빠알간 대답으로
초록의 잎사귀에
풀 푸른 빠알강 노랑 분홍 장미 옆이다

노오란 현기증을 터는 곁 분홍으로
빨강을 물들이는 행복한 그리움이
풀 푸른 그대 옆이라 아주 행복 앵두다

- 「눈을 들어 본 때 - 새벽기도 · 3407」

　이 천지자연의 아름다운 장미가 하늘 중간쯤에서 하늘거리는 더구나 장미의 넝쿨가지가 홀로 쓰일 수 없는 현실성을 의지하는 그 든든한 울타리는 단순한 울타리를 넘어서 더 높고 절대적인 세계를 향한다.

> 사랑만 하라시며 장미의 무늬 옷을
> 주셨죠
> 밭에서도
> 보이죠 열두 단이
> 절하며 일어서서들 둘러리로 절하죠
>
> 해와 달 열 한 별이 나에게 모두모두
> 절하여 엎드린다 했더니 우향 몰약
> 은 이십 값어치로도 팔려가라 묻었죠
>
> 그래도 사랑하라 하셔서 먹는 앵두
> 열일곱 나이에도 장미 잎 파랗도록
> 당신을 사랑 하라서 앵두 먹고 살아요
> 　　　　　　　　　　－「사랑 장미의 길 - 새벽기도 · 3408」

　의지하는 마음너머에 잔잔히 들려주는 이미지는 편안히 사랑만 하라고 요셉 이야기를 시적 화자로 등장시키면서 시인은 하나님의 잔 안에서 살아가는 모습을 리얼 화 시킨다. 그리고 이에 머무르지 아니하고 아빠 엄마가 되는 장미이야기까지 등장시키면서 그 중에서 가정의 아내 안 해가 되게 한다.

장미의 아빠 엄마 장미로 예쁘라고
잘 자라 이리저리 한드을 행복하라
입가에 장미웃음의 앵두 먹게 하여라

파란 잎 들게 하고 언제나 사랑하라
빠알간 마음기둥 솟아나 하늘 닿게
입가에 샬짝샬짝이 장미 입술 내어라
-「장미의 아빠 엄마 - 새벽기도 · 3409」

안 해야
안의 해야
장미로 해 떠오름 건져서 나에게로
사랑을 주느라고
사랑의 앵두나무에 장미다발 얹어라
-「안 해 장미 - 새벽기도 · 3410」

행복을
찾아 나선
장미의
사랑바람

바람비
두르고도
은방울
굴리도록

이름을
삼가 하오며
은방울 새

장미야

-「은방울 장미 - 새벽기도 · 3411」

폭포수 아래에 서
아뢰올 말씀에는
정말로 아름다운 장미가 데구르르
장미야 웃는 모양이 너무 좋아 좋아라

집 담에 넝쿨 들고
온 동네 어귀에서
사랑을 보여주려 쪼르르 걸어 나와
차츰 닥아 갈수록 앵두 입술 그래라

-「장미의 행복이끼 - 새벽기도 · 3412」

너
너랑 헤어질 때
하늘이 노랄 만큼
눈앞이 샛노랗다 못해서 돋아난 한 나절의
빨강이 새파랄 만큼
그립다는 내음새

하늘이 노랗도록 가슴이 빠알갛게
타오른 바람 냄새 가슴을 파묻고도
남아 든 그리움으로 아슴아슴 돋아나

얼굴을
파묻고도
노오란 한 길이의
깊이를 그리워 한
장미야 더 빨갛도록
하늘이 더 푸으르라
앵두 냄새
아
어쩜

−「노란 장미와 빨간 - 새벽기도 · 3413」

새파란 안식에서
장미는 꽃이 핀다

편안한 그리움을 앵두의 입술로서
빠알간 입술을 열어
주렁주렁
행복 잎

열어놔
꽃이 핀다
그리움
피는
법을
풀어서 주렁주렁
거기서 여기까지
사랑을
새파랗게만 엮으라며
사랑 입

−「행노장미 잎 입 - 새벽기도 · 3414」

어디이서든 "행복을/ 찾아 나선/ 장미의/ 사랑바람" 그 자체만으로도 인생은 행복하다. 깊은 철학을 얼굴에 쓰고 다니는 것이 아니라 "바람비/ 두르고도/ 은방울/ 굴리도록" 살아가는 일이다. 아무리 학자라 하더라도 철학박사라 하더라도 그 드높은 의지력을 겉으로 드러내며 오만을 떠는 것이 아니라 "이름을/ 삼가 하오며/ 은방울 새"가 되는 일이다. 더 나아가 어려운 이별이라 하더라도 이제는 이 보다 더 든든

한 보살펴 주는 이가 있는 이의 모습은 그것이 폭포 아래에서라도 하나님 잔 안에 든 삶은 새파란 잎에서 돋아나 사랑일기의 장미가 된다.
 그 노력은 밤을 새는 장미이다.

    장 미 비 밤을 샌 다
    장 미 비

    꽃잎바다

    아 예 예 그 리 움 을 입술로 먹 어 버 린

    앵두의
    입술이 되어
    주렁주렁 웃는다

    웃음의
    소리
    장미
    두 손을
    모 아 들 여 그 리 움 뜨 는 법을
    풀 어 서 늘 여 놓고
    거기서 여기까지가
    뻥 뚫리게
    웃는다

                                -「장미 비 - 새벽기도 · 3415」

    그리움
    "안았어요"
    풀꽃이
    "안아줘요"

진 땀 을 뿌 리 기 까지 내 려 도 안 앉 어 요
장미 비 장대 장미 비 안았어요
빨갛게

－「장대 장마 장미 － 새벽기도 · 3416」

    장미가 언제나 늘 마냥 행복해서 사는 모습은 아니다. 그리움이 있고 밤새 오는 장대비를 지나는 힘이 있다.
    어디에서 오는 것일까!

장미가
날
'오'라네

입술이 동그랗네
오무려 '오오' 하네
오오오 몰려오네
웃음에 앵두 입술에
콩닥콩닥 콩 뛰네

장미가
날
'오' 오라네
빠알간 앵두 같은
입술로 보여주네
기어히
따라 오네 담장을 따라오네
'오'라네
앵두 입술로
드리미네
오오오

―「장미가 오라네 - 새벽기도 · 3417」

　　　새아침
　　　장미꽃잎 떨어져
　　　이른 아침
　　　장미꽃 잎이 나풀 땅으로 내려앉아
　　　길가에 장미꽃잎이 수를 놓고 놓는다

　　　쓰레기 더미에서
　　　꽃다발 장미다발
　　　청소부 가슴에도 장미가 꽃잎 장미
　　　장미가 나포올 나폴 청소부 나 장미야

　　　청소부 빗자루에 장미꽃 나풀나풀
　　　장미꽃 빗자루 꽃 장미꽃 잎덩어리
　　　장미꽃 꽃잎청소부 빗자루가 장미야

　　　장미가 넝쿨에서 내려와 아롱아롱
　　　꽃길을 장미차가 빵빵빵 빠앙바앙
　　　빵빠앙 달려가느라 달리기 차 장미야
　　　　　　　　　―「장미꽃잎이 - 새벽기도 · 3418」

　어디에서 오는 힘일까? 오히려 역동적 역설로서 장미가 오히려 나를 오라고 한다는 시적 역설을 통해 장미를 보며 힘을 얻는 시인의 마음은 3204에서 청소부가 치우는 장미모습이 다시 한 번 14회 반복되는 이유는 신약 마태복음에서 족보가 14대로 이어지는 이미지를 다시 한 번 재생시키었다. 그것은 앞서 보여주신 분 예수의 삶을 성경이 제시하는 그 14대 족보에서 찾아 그 실험의식으로 쓰여진 재생이미지이다. 청소부에 의해 실린 청서부차의 장미가 아니라 "빵빠앙 달려가느라 달리기 차 장미야"라고 행갈이 없이 그대로 종장이미지로 하였다.

장미가 있는 곳은 장미의 섬이다. 안식이 있다.

> 장미의 섬입니다
> 웃음의 보조개를 옴폭폭 뿌려놓아 바다의 물결들을
> 무더기 구름다발로 유혹하며 웃어서
>
> 장미의 섬입니다
> 등이며 허리까지
> 한바탕 씻어내어
> 하체를 잠근 후에 푸르른 이야기만을 조건으로 내세워
> ─「장미 섬 ─ 새벽기도 · 3419」

새파란 안식에서
장미는 꽃이 핀다

편안한 그리움을 마음껏 먹어버린
빠알간 입술을 열어
주렁주렁
행복 잎
열어놔
꽃이 핀다
그리움
피는
법을
풀어서 주렁주렁
거기서 여기까지
사랑을
새파랗게만 엮으라며

사랑 입
                    -「장미 잎 사랑 - 새벽기도 · 3420」

오월이 오시느라 장미를 열어둬요
황홀한 시간 메어 두노니 오시어요
오로지 그대를 위해 장미입술 다노니
                    -「오로지 장미 - 새벽기도 · 3421」

빨갛고
파란 불을 내 세운
꿈길에서
연속성
바람사이
두 갈래 땋아 내린
소녀의 눈망울에 담긴
장미입술
햇살이
                    -「꿈길 장미 - 새벽기도 · 3422」

그리움 그게 뭔지
모르며
빨간 옷이 파랗게 움이 돋아 사랑이 움이 돋아
소녀의 옷자락에서 짙게 웃는 그림자
                    -「사랑 움이 돋아 - 새벽기도 · 3423」

음성이 빨갛구나
파란불 빛이구나
머리에 햇빛 얹어 햇빛의 바람으로
파란 봄, 빛이 나도록 앵두 볼의 빛이다
                    -「장미 너는 - 새벽기도 · 3424」

장 미 비 밤을 샌 다

장 미 비
장미바다
아 예 에 그 리 움 을 통 째 로 먹 어 버 린
입술의 꽃물로
서서
장미다발 웃음을

- 「아예예 - 새벽기도 · 3425」

난 보고
"알았어요"
정말로
"알았어요"
진 땀 을 뿌 리 기 까지 내 리 며 알 았 어 요
장미가, 날 보는 장미가 장미웃음 그리움

- 「날 보는 장미 - 새벽기도 · 3426」

오
나의 사랑하는 사람을 만나거든
오
내가 병이 났다 해다오 장미 병이
그러면 그가 나 찾아 여기까지
올 거야

- 「오 병이 났다 - 새벽기도 · 3427」

오.오.오
사랑하는 장미를 만나거든 정말로 병이 나서 꿈을 타 마시더라 그렇게 전하기만 해 다오다오
오
오
그

- 「아가서 - 새벽기도 · 3428」

장미와 관련한 안식은 새파란 잎에서이다. 이 장미 잎은 파랗다. 장미가 그토록 안식하고 기대고 싶은 상징성의 파란 잎은 병을 치유할 수 있는 이미지가 되고 그리고 잎이 어울리는 조화 가 있는 장미의 섬이다. 장미가 앵두 볼로 웃을 수 있는 안식이 있다.

> 도대체
> 사랑하는 그대가 다른 꽃과 얼마나 아주 달라 달라서 애타하나
> 오오 그
> 장미가 나 찾아 앵두 볼로 오는 거
> -「얼마나 달라 - 새벽기도 · 3429」

> 물 위에 장미 빛이 어리며 꿈 들고 온 그대의 빨간 불을 받았음!
> 선물이다
> 사랑의 열매들로만
> 쏟아내는 빛이다
> -「열매와 장미 - 새벽기도 · 3430」

> 봄빛이 오는 동안 당신이 거기에서 날 위해 장미다발
> 난 여기 그대로 서 기다림 열어두니
> 당신은 장미다발로 앵두입술 주어요
> -「장미다발 - 새벽기도 · 3431」

> 그리운 몸 부피로 들려온 장미송이 현주소 사랑 받이
> 무릎을 들먹이는
> 어머니 앵두입술로
> 밤새우는 빛이다
> 정열로
> -「그리운 장미 - 새벽기도 · 34302」

> 정열로

솟구치는 춤이다 살짝 열린
가슴의
한쪽 끝에 뽀오얀 흰 살결을
본 순간
한 번 더 앵두 입술 보이는
          -「그대 장미 - 새벽기도 · 3433」

그 길은 더로 더로 장미꽃
피어피어
있었죠
그랬었죠
내가 늘 사과나무
아래로 가는 거기에
늘 피어피어
있었죠
          -「장미는 늘 - 새벽기도 · 3434」

사과를 한입 들면 그제 사 튀어나와
하늘로 가는 길에 장미꽃 피었으니
사과를 먹을 때에는 앵두 피리
불랬죠
          -「장미 피었으니 - 새벽기도 · 3435」

장미를 안고 안고
하늘이 노랄 만큼
눈앞이 샛노랗다 못해서 돋아난 내 사랑의
내 앞의 장미를 안고
그리워진 내음새
          -「장미 안고 - 새벽기도 · 3436」

꿈 편지 앵두 볼이 그리운 연서에요
이야기 나누고파 가까이 다가가면

꽃으로 걸어 가보면 그 이름이 실려요

꽃 뿌린 나날들이 새벽에 이어지고
이야기 들리는 때 노래로 따라하는
한 밤중 꽃노래들이 앵두 볼로 피어요

꽃방석 맴 돌 돌아 꽃 뿌리 위로 솟은
연서를 읽느라고 두 입술 달싹이면
연서가 대답하느라 앵두입술 보내요
　　　　　　　　　　　－「장미연서 - 새벽기도 · 3437」

사랑요
요기는 요
요기요 요기만큼 오느라 꿈 방울이
땅으로 요기요 기
사랑요 요기요기요 앵두입술 요기요
　　　　　　　　　　　－「장미 사랑요 - 새벽기도 · 3438」

우리는 꽃망울로 가슴이 다 보이는
날개를 달았어요 담 넝쿨 타고 가며
사랑이 이런 거라고 알려주려 하여요

빠알간 부피만큼 열어서 옮기어요
조금씩 타고 올라 오온통 사랑표시
행복이 이런 거라고 알려주려 하여요

햇빛이 쏟아지며 우리를 기다리자
하루가 사랑으로 행복을 시작하고
오온통 장미 벌판이 앵두 맛이 되게요
　　　　　　　　　　　－「장미꽃망울 - 새벽기도 · 3439」

좋아라 싸비비 싸비비며

모이고 모이는 날 둘이서 셋이서
좋아라
하 좋아라하 하 좋아라 좋아 하
- 「장미 하 좋아 - 새벽기도 · 3440」

유난히 꿈이 많아 느을 늘 별을 보다
아아주 우연하게 별 닮은 가시내와
사랑해 아주 사랑해 별 속으로 빠진 날

아 그만 그녀에게 아아주 넘어가서
날마다 별 꿈꾸기 더하여 사랑하며
별나라 상큼상큼히 걸어오는 별 밤 야

멍석을 깔아놓고 둘이서 같이 누워
별 하나 나 하나야 아니야 별 둘이야
둘이서 사랑별로 뜬 우리 나날 그으지!

꿈나라 들어서도 날 보고 생긋 생긋
웃기에 하루 종일 힘이 나 나의 별아
오 별아 하늘 꽃비로 나에게 온 별아 오

꽃비가 내리네요 꽃별이 되어와요
아무도 보는 이가 없어도 절로절로
웃을 일 별의 웃음을 나에게 준 나의 별

별비가 내리는 날 별 꽃비 내리는 날
별 눈을 닮아가며 우리는 반짝반짝
긴 날을 아주 오오래 몽울몽울 우리 별

별 보고 일어나서 별보고 들어오면
잘했다 안아주며 웃어준 나의 별님
별 줍는 하루일과가 별 꿀맛이 되어오

그리움 별이 되어 사랑의 별이 되어
빛나는 별 바구니 한가득 반짝반짝
오늘밤 이 별 상자를 별님에게 드리리

별에서 나에게로 내려온 우리별님
한 아름 알콩달콩 별이 된 이야기로
꽃밭에 내려앉아서 한 생애를 살아요
                    －「장미 별 － 새벽기도 · 3441」

하아얀 꿈이 익어 꽃 섶을 물들이면
사랑이 둘레둘레 여물어 손 모으고
안으로 감싸면서 서 그대는 늘 나를 봐

그대의 손에 잡힌 야곱이 집을 떠나
하란을 떠나면서 두 배의 입맞춤을
듣고서 가는 길에는 두 눈 모두 바안짝
                    －「장미 입맞춤 － 새벽기도 · 3442」

바라만 보는 장미 내 마음 속에 있어
곁에서 있기만 해 내 가슴 울렁울렁
아무 말 아니하여도 산들산들 산드을
                    －「장미 바람 － 새벽기도 · 3443」

빛이다
노랑빨강 파랑을 들려준다
금방에 물 위에로 빨갛고 노랑빨강
현깃증 끌어올려서 사랑보라 우리는

어울려 팔을 들어 팔짓을 해 보아라
사랑의 팔 끝으로 오르는 향기보라
둥글글 들어보아라 사랑보라 우리는
                    －「장미 사랑 － 새벽기도 · 3444」

살짝이 닿아 고픈 그리움 짙어지는
하 맑은 마음이어 내 사랑 들어가는
당신의 눈물 닮아서 아주 맑은 엎드림

노오피 달리시듯 눈 들어 하늘봐요
두 팔을 벌리시듯 언제나 껴안아요
당신의 벗으심으로 눈 둘 데를 몰라요

새하얀 하늘나라 하늘이 하얗도록
새하얀 얼굴에다 분홍의 웃음줍고
펄펄펄 끓는 여름에 해바라기 하와요

＊ 당신의 벗으심으로 씻구는 예수님의 십자가상의 모습임,
　　　　　　　　　　－「사랑받는 여인 – 새벽기도 · 3445」

언제나
사랑스런 언제나 웃는 이여

와아락 달려들어 함빠악 안고 싶은
모든 걸 털어놓고픈
하
맑음이 나오는

사뿐히 조용하고
하 맑은 앵두 닮아 두 손에 담아들면
금방에 물이 들어
배시시 맑은 사랑이
나에게서 나오는

단아한 머릿결에
순진한 모양새로
퐁퐁퐁 솟아나는 우리의 물이야기

오온통 사랑물결이 출렁출렁 일어요
                    -「사랑스러운 장미 - 새벽기도 · 3446」

꽃으로 불꽃 잡고
왼손에 오른손에 두 팔을 잡고 나서 마주해 쳐다보는
빛나는 두려움 없는 가슴을 펴 우리는
                    -「장미 손을 - 새벽기도 · 3447」

맨 처음 해 오르면
닮아서 빨간 장미
장미라 써 붙이고
덩달아 빨갛다고
해 놓고 하루 종일을 빨갛도록 웃는다

볼 붉힌 해 따라서
종일을 따라하다
햇빛의 그리움을
얻어서 마냥마냥
햇빛에 장밋빛으로 빨갛도록 웃는다
                    -「나도 모르게 - 새벽기도 · 3448」

왜 그래 울멍울멍
산 높아 그런 거야
여름이 너무 더워 그러는 거야 그지
그래서 닮아 가는 거
나를 닮아 그러지

눈시울 붉히지 마
내 잠을 못자잖아
구름이 흘러가서 그러는 거야 그지
아니면 구름다리를 타봐야지 그러지

비 오면 비 그네를 햇빛에 햇빛그네
내려 봐 아니 먼은 올라봐 그러지 마
웃음이 나오게 될 걸 울멍 울멍 하지 마
-「울렁울렁 장미 - 새벽기도 · 3449」

빠알간 도장이다 콱파악 찍혔네요
사방의 바람 잡아 파파악 찍느라고
온 땅이 장미도장에 찍혀있어 좋아요
- 계시록 7장에서

-「장미도장 - 새벽기도 · 3450」

시인에게는 행복이 있다. 마음속에 장미가 있기 때문이다. 이 장미는 물리적인 장미가 아니라 오히려 마음속에 콱파악 찍힌 도장이다. 단순한 도장이 아니라 말씀의 도장이다. 그럼으로 삶을 장미처럼 상대방에게 위로가 되는 장미 도장이 되어 그 주어진 하나님의 명령을 계약에 따라 움직이는 시인이 되며 장밋빛 앵두 볼로 웃을 수 있는 힘을 얻는다.

2부에서는 시인의 장밋빛 앵두 볼로 사는 삶이 얼마나 행복한지를 알려주려 한다. 이 행복은 먹는 문제이다. 먹는 문제는 삶을 지탱해주는 방법이다. 그런데 이 시인은 1부나 2부 모두 "장미야" "앵두야"라고 하여 장미와 앵두를 부르고 있다. 이미 몸 속에서 장밋빛 앵두의 신앙생활로 하여 절대자가 만들어준 장미와 앵두를 부를 수 있는 여유를 드러낸다.

시인은 앵두가 어디 있느냐고 묻고 있다. 하나님의 흔적을 찾는다. 그러나 눈에 보이는 것은 해 그림자이고 오정 쯔음 보이는 세 사람의 정체이다.

아직도 노을만큼 지금도 보이네요
아직도 눈썹만큼 앵두야 어디 있니
그대로 해 그림자다 앵두입술 남기는
                -「앵두야 어디 있니 - 새벽기도 · 3451」

그 오정 쯔음에는 문 앞에 늘 앉았죠
사람 셋 맞은편에 있어서 얼른 가서
당신의 발 씻으소서 그런 후에 쉬소서

또 떡을 아주 조금 조금만 가져오니
한번만 잡소소서 그러면 되오리다
당신의 종이옵니다 그런 후에 쉬소서

세스아 고운가루 반죽해 떡 만들고
아아주 기름지는 송아지 잡았어요
당신을 위하여서요 그런 후에 쉬소서

뻐터와 우유까지 송아지 모두 올려
드리니 모시오니 들어와 앉으시고
기다림 잡수시어요 앵두입술 되소서
 - 1995. 9. 8일 5시 21분 17초
                      -「앵두입술 - 새벽기도 · 3452」

빠알간 맨드라미 맨 몸을 들이미는
맨 살로 더듬더듬 빨갛게 들이미는
앵두가 익은 날에야 앵두입술 더드미
                    -「앵두 더드미 - 새벽기도 · 3453」

  눈에 보이는 것은 해 그림자이고 오정쯔음 보이는 세 사람의 정체이다. 먹을 것을 간절히 찾는 모습은 바로 눈앞에 보이는 앵두입술이다. 먹는 앵두가 아니라 먹을 수 있는 입을 드러냄으로써 시인은 먹는 문제와 입술의 문제를 등가성으로 한다.

개안이 되기 시작하는데 그것은 눈물방울이다. 그 안에 앵두 먹을 것이 숨어 있다.

>산 넘어 강을 넘어 구름을 넘어오면
>유월절 넘어 넘어 더위를 넘어 오면
>그리움 눈물방울을 넘어오면 보여요
>
>저 멀리 아스라한 끝자락 넘어오면
>당신이 그 하늘에 보여요 아스라이
>그리움 빨간 깃발을 넘어오면 보여요
>
>아아주 이 한밤에 한 별이 섰으리다
>야얇은 비단으로 하느을 하늘하늘
>두 팔을 아름드리로 오라오라 보여요
>
>보라로 보라보라 여기를 보라시며
>끌리듯 이끌리듯 그리로 오라시며
>만나를 앵두입술로 잡수시라 보여요
>　- 여호수아 5:10 끝
>
>　　　　　　　　- 「앵두입술로 - 새벽기도 · 3454」

수줍음 꽃이에요
다섯의 꽃잎날개 하얗게 드러내는
마음을 피우려하여 푸른 잎에 숨어서

푸른 잎 사이에요
빠알간 종을 달고
단 하나 사랑에요 앵두의 나무위로

연분홍 사랑을 심을 마음 길을 열어서

가슴과 배꼽사이
가슴 폐 넣어두며
연분홍 수줍음이 나날이 커가다가
화알짝 빠알갛게만 울릴게요 땡 때엥

앵두는 태양에요
입으로 한 웅큼 씩
먹느라 오물오물
앵두가 새콤 달 콤콤 새콤새콤 달콤콤

사랑을 먹나 봐요
나무에 달린 사랑 사르르 녹아들어 온몸이 풀리나뇨
사랑을 딸 수 있어요 오월단오 무렵은
- 「앵두입술 종 - 새벽기도 · 3455」

앵두는 햇살덩이
햇살의 덩어리를 해 사리
하느라고 그런 중 그러느라
오온통 마당 가운데 한가운데 뒷마당

오온통 온 마을이 화안 해 나무들이
숲들이 또 화안 해 잎들이 화안해서
나비들 화들짝 기지개 앵두 볼이 되느라
- 「앵두햇살덩이 - 새벽기도 · 3456」

목이 긴 눈이 높은 사슴이 두리두리
두리 번 봄을 탄다 봄이다 와 봄이다
한 걸음 옮기느라고 꽃잎들이 꽃사슴

꽃잎이 포롱포롱 앵두꽃 포올포올

달린다 사슴 발에 얹힌다 내려앉아
사슴을 올려놓는다 꽃사슴의 앵두 발

꽃잎이 사뿐사뿐 사슴 목 언저리로
꽃가지 사슴가지 나무는 몽울몽을
가지는 안보이어라 앵두 되는 꽃사슴

언저리 그 언저리 앵두만 두리둥둥
사슴이 목둘레 꽃 앵두로 달아드는
앵두가 하늘중간에 얹히느라 꽃사슴

사슴이 눈높이로 하늘을 쳐다보는
목이긴 꿈 하나가 척하니 올라앉는
사슴의 목이 길어라 앵두나발 꽃사슴
꽃길의 앵두꽃사슴 팔짝팔짝 뛰노니

한걸음 한걸음씩 옮길 때 그 때 마다
꽃들이 아주 작은 꽃잎이 아주 작은
몸짓을 납작 엎드려 날개 펴자 뛰노니

사슴을 살짝살짝 목둘레 하늘하늘
꽃잎에 사뿐사뿐 발걸음 날개 단다
사슴 목, 기인 언저리 몽울몽울 꽃잎이

꽃잎을 단 가지가 앵두의 입술로만
쳐다봐 꽃사슴이 앵두 입 달아주고
꽃잎이 둥둥 두우웅 눈높이로 뛰노니
- 「앵두꽃사슴 - 새벽기도 · 345」

까아만 제 몸 위에 입술을 달았어요
빠알간 입술로만 말하고 싶어서요
긴 겨울 온 몸 까맣게 얼었어도 그래요

입술을 달았어요 오로지 말하려고
말하고 싶어서요 입술을 열었어요
한 눈을 팔지 않고서 가지 휘게 그래요

아 글쎄 말하려고 팡파앙 터졌어요
터지며 입술 열며 입술이 꽃술로요
한 마디 할 때마다 잘도잘도 열려요

하나도 아니고요 두울도 아니고요
세엣도 아니고요 파아앙 파아아앙
빠알간 입술이 돋아 입술꽃술 돋아요

파아란 하늘아래 빠알간 제 입술이
까아만 제 몸 위에 얹히며 꽃술입술
파아란 하늘에서도 입술소리 들어요

─「앵두와 홍매화 ─ 새벽기도·3458」

  시적 화자는 계속하여 앵두를 찾는데 그 찾아지는 것은 앵두입술이다. 이 집요한 앵두와 앵두입술의 차이는 우선 먹기 전에 입술의 중요성을 지시한다. 입술은 앵두입술이다. 이 앵두입술은 말씀전하기와 관련한다. 먹기 전에 말하여야 하는 일은 기독교인들은 먹기 전에 먼저 입을 달싹거리면서 기도부터 한다. 그만큼 신앙시인에게는 물리적 먹기보다 입술이 앵두입술이 되는 조건을 제시한다.
  그러면서 시인은 울기 시작한다.

    사랑이
    막
    울기에

토다닥
등어리를
토다닥
손사랑 펴
쓰다듬 쓰다듬어
울음이 뚝 그치도록 어루만져
앵두야

- 「사랑울음 - 새벽기도 · 3459」

꽈리가
도동통통

감나무
홍시감이
토도독

밤 곁에서
엎드린 가을이라

꽃 서리
주워 먹고는
이듬해 봄

오동통

- 「앵두오동통통 - 새벽기도 · 3460」

마음을
풀어가며

어느 메
꽃잎으로

144

떠 오는
숨소리로

바다 속
겨울고기

하늘 못
둘레 둘레로
앵두꽃잎
그린다
- 「앵두꽃잎 눈금 - 새벽기도 · 3461」

노랗게 산이 울다 지치는 봄이랑은 나리가 두손들고 종일을 벌
서 있다
바람의 숨소리마저 노랗도록 켜 놓고

입술을 동그랗게 노오란 동그라미 부르는 앵두꽃잎 새파란잎사
귀 귀
요렇게 쫑긋거리며 앵두입술 숨긴다
- 「앵두꽃잎 나리 - 새벽기도 · 3462」

날 조옴
데려 가아
주세요 비행기로
아니면 등록하고 싶으면 하라구요
누구나 나에게로
오 오면 당분간에는 앵두입술 그래요

사랑이 들고 나면 구름이 아프니까
하늘을 등에 업고 그러고 나서는 이
보름에 시골가려면 무얼 타나
앵두입술 숨겨요

차로요 아니에요
사랑을 들고 나서
그리로 팔팔 구로
춤추며 산이 좋아
그리로 아름 아름이 앵두입술 그래요

편지 좀 보여 줘요
죽기 전 한 번 만날 그럴라 그랬는데
누구를 닮았냐구
바로 그 숨 쉬는 내 몸 앵두입술 숨겨요
 -「앵두입술2 - 새벽기도 · 346」

두 물의 두 물 머리 남한강 북한강의
둘이서 하나 되어 만나는 물고기로
우리는 오늘도 만나 하나 되어 흘러요

마 임이 나의 님이 되시는 사람 당신
우리 물 이렇게도 잘 흘러 서로 만남
부용산 청계산 곁에 형제봉이 지켜요

물로 된 사람이신 당신이 우리나라
헤어져 지내시지 마셔요 그리 마요
우리를 닮아보세요 두 물 머리 만나요

발길을 돌린 데도 언제나 만나지는
운명의 우리 둘이 살 비벼 서로 맞대
하늘에 오르고 올라 우리 둘이 살아요

푸르른 하늘까지 올라요 두 물 머리
물 위로 날아가며 사랑해 정말로요
한 물을 이루어가며 사랑하여 보아요

우리는 물이에요 물고기 물이에요
남한강 북한강요 남북이 한 강 한 강
하나로 정말 만나요 우리 둘이 안아요

머리로 두 물 머리 사랑을 안아들고
아아주 아름다운 우리 꽃 한 송이를
머리에 살짝 얹어서 향기 뿜어 볼께요

두 볼의 보조개네 봉긋이 들어나네
오오오 남한북한 한강의 남한강의
400년 느티나무의 아래에서 만나요

나란히 어깨 맞대 하나로 꽃바람이
훨훨훨 하늘 향해 날갯짓 하는 날에
두 산이 날개를 펴며 하늘 올려 주네요

꿀 먹고 자라는데 보조개 쏘옥 들어
지도에 참외 씨로 콕 찍어 광주부 1750
우리도 볼 비벼가며 콕콕 찍혀 박혀요
- 「물고기 앵두입술 - 새벽기도 · 3464」

앵두를 못 먹어서 시적 화자가 울다 지친다. 그리고 그 사랑 곧 앵두를 못 먹은 물리적 현실은 두 나라가 두 동강난 통일 문제이다. 통일 문제이거나 혹은 생명을 보장받는 문제 곧 앵두를 먹는 일은 바라는 일이지만 성경적으로 말하면 바람이 와 주어 먹을 것 생명을 넣어 주어야만 살 수 있다. 하나님이 성령을 부어주어야만 사람이 생령이 되었다.

시인은 아가가 생명을 얻는 일로 하였다.

아가야
바람이 가만히 와 생명을 입안으로 넣누나 아가야아 보이지 않았어도 아가야 우리에게 와 기쁨이 된 아가야

바람깃
토독토독 두드린 사랑하나 열리며 생명줄로 드느라 밤 깊도록 엎드려 조심히 삼가 아가야아 아가야

초록의
잎사귀에 하얀빛 샬짝샬짝 새하얀 냉이 꽃에 노랑색 샬짝샬짝 토끼풀 샬짝샬짝콩 잘도 크네 아가야

아가야
너에게로 긴 줄을 내리는 날 긴 줄을 잡느라고 종일을 사랑 찾는 아가야 앞길 몰라도 잘 도 크누나 아가야

두 손을
모아들고 두 손을 모아 펴라 아가야 보이는 건 우리의 사랑꽃술 하늘빛 받아 내리어 우리 안의 아가야

아가야
소곤소곤 사랑을 모아보라 이웃이 오손도손 들려줄 사랑소릴 들으며 웃어보려마 아가야아 아가야

무논에
노랗고도 새파란 모심기야 줄 맞춰 늘어서서 벼이삭 파랗도록 햇볕에 종종걸음이 익고 있지 아가야

아가가
울고 있네 이리로 오려들어 자꾸만 오려들어 보채고 또 보채네 잠자리 들려하는데 울고불고 아가야

이제는
홀로서라 아가야 울렁울렁 정말로 꽃이 되면 아아주 키가 저져 꽃바람 불어보아라 아가야아 아가야

햇살로
해살해살 꽃물로 포랑포랑 홀로도 커다랗게 자라렴 그래야지 파아란 나무들 늘어 울창울창 아가야

바람이
세차구나 그래도 하늘 푸름 아가야 아가야아 눈으로 안 보여도 우리들 이만큼보다 아가야아 아가야
바람 깃
바람막이 사랑 줄 잡아들고 열려진 생명줄로 이으며 대를 잇는 눈으로 안보이어도 아가야아 아가야
　　　　　　　　　　－「아가 앵두입술 - 새벽기도·3465」

바람이
불
고
있
다
뒷산을 넘고 넘어
젤 작은 가슴에다
필리리피필리이
앵두의 작은 입술로 작은 가슴 필리리
　　　　　　　　　　－「앵두피리 - 새벽기도·3466」

이새의 줄기에요 이제는 보이시며
말씀의 예수님이 양손에 영 드시고
새파란 앵두줄기에 높이 높이 서셔요

제 오는 길에 서신 세 분이 진 치시며

별 무늬 자리 잡아 거기에 앉히네요
하 한 별 어린 그분은 한 별로만 서셔요

말씀이 두둥시일 달 뜨네 보름달로
지혜와 슬기와 모략이 몽울몽울
우리를 날이 날마다 도우시려 서셔요

어어린 그분 곁에 호랑이, 송아지가
허리를 조아리는 파아란 들이에요
한 마당 덩실 더덩실 어우러져 서셔요
 - 이사야 11장 1-11
- 「앵두줄기 - 새벽기도 · 3467」

우리는 부러운 게 없어요 정말로요 우리는 한 몸으로 한 자웅 같이 있어 짝 짓기 한 다음에는 알 40개 낳아요
저 머언 달님이가 팽이를 팽글팽글 달팽이 밤이 되면 달 그늘 그 숲에서 미끈한 몸 뚱 아리로 마구마구 퍼지죠
사람님 와우각상 어쩌고 하시어도 배로도 즙액 묻혀 두루뭉실 잘 기다 사람님 귓속에다가 달팽이 관 드리며
더드미 쭈욱 빼고 마음껏 뽐내지요 고마워 정말로요 달팽이 달팽이 관 어지 럼 증이 없어질 우리 집에 계세요
또그르 풀잎 위에 딩굴며 또그르르 파아란 잎일 때는 파아란 모습으로 나뭇잎 그리움일 때 나뭇잎 달아서
벼 잎이 잘 자라는 무논의 기슭에서 이슬을 묻힌 다음 한번쯤 보고 싶은 어여쁜 아가씨 볼에 감히 올라 팩하죠
물가의 그 아슬한 외로운 밤이슬을 차곡히 접었다가 꽁지 끝 거기에다 매달아 담백질 덩이 식사로도 드셔요
더드미 더듬더듬 배로도 뒤뚱뒤뚱 속눈썹 내리깔며 자암시 와우각상 벗어나 아주 맛있게 드시라고 바쳐요
파란들 나무숲의 물기를 말랑말랑 풀어다 포근포근 보드람 덩이 되는 단백질 식사자리에 어서 오셔 드세요
- 「앵두달팽이 - 새벽기도 · 3468」

이새의 줄기에서 나온 예수님이나 사람의 가장 어린 모습 아가이거나 혹은 심지어 달팽이거나 모두 생명이 살아있게 되는 신기한 일은 인간의 힘으로는 해결할 수 없는 일이다. 이 생령 곧 삶이 되는 우리의 삶은 시인에 의해 그리움을 시인은 가을로 표현할 수 있다. 물리적인 가을이 아니라 그리움, 곧 살고픔의 가을이고 그리고 인생의 끝자락에서 간절한 사람들의 몸짓 그 그리움 살고픔이다.

> 가을이 오고나면 그리운 나의 사람 사랑아 사랑하는 사람아 보고 싶어
> 아무리 고개 흔들어 아니라고 하여도
>
> 그리운 나의 사람 얼굴이 보고 싶어 그리움 눈이 맑아 나만을 사랑하는
> 사랑을 보듬어 안고 난 이렇게 살았어
>
> 해마다 가을이면 만나고 싶은 사람 밤마다 귀뚜리가 울어 예 더욱 고픈
> 사람아 나의 사랑아 어디만큼 와 있니
>
> 아니야 바로 나의 앞에서 소근 대는 그래서 열두 달을 잘 견딘 나의 일생 그러나 더욱 그리운 가을에는 더 고파
>
> 그곳에 만나던 땔 발길을 돌려가며 사랑을 찾아들고 나서야 그림자로
> 만나를 먹고 나서야 일어서서 와았지
>
> 사랑아 내 사랑아 가을에 만나고픈 나만의 내사랑아 사람아 어디있니

만나요 나의 사람아 나의 사람 사랑아
- 「앵두가을 - 새벽기도 · 3469」

  시인이 말하는 사계절이나 혹은 그리움은 반드시 이성만의 그리움이 아니다. 그것은 시의 겉으로는 님이 그리움으로 표현 되지만 오히려 그 안에 담긴 뜻은 생명의 간절함 그 앵두가 물리적으로 시적 소재가 된다. 그 말갛고 그리고 빠알간 앵두의 모습이다. 앵두 홀로 쓰이지 아니하고 앵두 바람이다. 바람은 성경에서 하나님의 기운이다. 그런데 이런 거창한 의미를 숨기고 그냥 앵두바람으로 하여 시의 친근감 곧 가까이 갈 수 있고 부담 없이 읽을 수 있는 앵두바람으로 한다.

    바람이
    앵두바람
    발목을 감싼 바람

    분홍 신
    신기면서
    분홍 꽃
    바람 뉘리

    분홍의
    푸름 아래로
    그네타고
    내려
    와

하늘이
내려와서
보리가 익어가고
그대가 주신 땅의
바람을
익혀가려
당긴 손
하늘크기로
그대 들어 보리오

가슴에 사랑 품어 보리는 익어가고
하늘이 내게 와서 저만큼 서 있어서
당긴 손 하늘만큼만 켜 들고서 나오는
　　　　　　　　　　-「앵두바람 - 새벽기도 · 3470」

눈 뭉치
솜방망이
날마다 하얀 눈이 퍼얼펄 내린데도
저 멀리
아침 해가
비치며 나에게로 와 녹여주며 웃네요

보이는 해를 두고 눈 나라
꽃이 피며
담장을 넘 나들며 노래를 들려줘도
하늘이 햇빛내리면 눈 녹아서 내리는

사랑을 밀물처럼 도리는 햇빛바람
눈빛을 한데모아 파랗게 기다리는
하늘이 봄의 뒷마당 내리느라 바빠요

어쩔 수 없어져요 아무리 눈이어도

눈덩이 하늘만큼 산만큼 싸이어도
햇빛이 무게 다느라 그리움을 내려요
-「앵두 기다림 - 새벽기도 · 3471」

아가야
해살해살 아가야
아가야아
눈썹달 웃느라고
두 발을 오무렸다
펴었다 웃음방울이 나를 향해 있구나

아가야 하얀 맨발이
꼬물꼬물 아가야
-「앵두아가 - 새벽기도 · 3472」

선생님 선생니임
우리이 선생니임
교실 문 열으시며
우유빛 목련으로 눈으로 웃으시는
선생님 우리 선생님
앵두입술
말씀이

웃으서 좋아하다 온 생애 멈춰버린
봉오리 선생님을 그냐앙 좋아하다
좋아요 그냐앙 좋아
앵두입술
가르침

좋아요 공부하라 그러심 정말 좋아
함초롬 녹아들어 오늘도 좋아좋아
좋아요 그냐앙 좋아 좋아좋아

좋아요
　　　　　　　　　　－「앵두선생님 - 새벽기도 · 3473」

능금이 능금나무 시작을 알려주는 처음을 빵빠레로 울리는 능금이가
　오온통 앵두 빛깔로 과수원에 널리네
　　　　　　　　　　－「앵두능금 - 새벽기도 · 3474」

분홍빛 분 냄새가 포올 폴 나는 길에
겨울과 여름 사이 그 사이 사는 봄에
졸졸졸 흐르는 봄은 앵두 내음 동네지

산 벚꽃 버드나무 몰려든 골짜기에
봄은 또 연못하나 만들고 사는 봄은
포르르 골짜기마다 앵두 내음 동네지

봄맞이 따라가면 갈수록 여름으로
도망칠 봄이기에 뒤돌아 나오면서
봄의 등 산허리 끼는 앵두 내음 동네지

바람이 달디 달게 달리며 봄을 열면
한 그루 나무로 서 휘도는 봄바람에
물오른 봄을 잃을까 앵두 내음 동네 지

봄은 늘 알롱달롱 알로록 볼록달록.
암호를 맞추느라 손으로 토독토옥
물오른 봄 잃을 까 봐 앵두내음 동네지
　　　　　　　　　　－「앵두내음 - 새벽기도 · 3475」

훗훗한 봄바람을 비비며 울렁울렁
정말로 꽃이 되는 내 가슴 찰랑찰랑
꽃비가 앵두꽃바람 들고 가며 울러엉

사랑해도 되나요　155

「앵두바람2 - 새벽기도 · 3476」

　　물 위로 걷는 이의 물을 떠 마신 후에
　　눈꽃이 해살 해살 웃는 게 아 아가도
　　물 위를 걸으라 란 말을 들은 앵드 약수다

　　햇살로 웃는 거는 물 위로 걷는 거라 이르매 해살해살 웃는 게
　　아 아마도 새 싹이 돋으라는 말로 들은 앵두 약수다
　　　　　　　　　　　　　－「앵두약수 - 새벽기도 · 3477」

　절대자의 흔적은 앵두바람이 발목을 감싼 바람「앵두바람-새벽기도·3470」이다. 시조작품으로 만들어진 3470수 리의 70은 7의 신성수에 그 10곱을 더한다. 이러한 은유의 시는 "하늘이/ 내려와서/ 보리가 익어가고/ 그대가 주신 땅의/ 바람을/ 익혀가려/ 당긴 손/ 하늘 크기로/ 그대 들어 보리오" 하고 있다. 이제 놀라운 '앵두바람'의 모습이다. 이 역사는 하늘에서 내려오는 하얀 눈의 솜뭉치에서「앵두기다림-새벽기드·3471」그리고 "아가야/ 해살해살 아가야/ 아가야아/ 눈썹달 웃느라고/ 두 발을 오무렸다/ 펴었다 웃음방울이 나를 향해 있구나"「앵두아가-새벽기도·3472」에서 드러난다. 이러한 지속성은 "우유빛 목련으로 눈으로 웃으시는/ 선생님 우리 선생님/ 앵두입술/ 말씀이"「앵두선생님-새벽기도·3473」나오고「앵두능금「앵두능금-새벽기도·3474」동네와「앵두약수「앵두약수-새벽기도·3477」」그리고「앵두볼「앵두볼-새벽기도·3478」」에 까지 이른다.

　그러기에 시인의 삶은 시를 통해 "그대가/ 살아있어/ 정말로 고마워요// 하늘이 두 쪽 나도/ 살아서

움직이는/ 눈으로 바라보도록 너무너무 고마워「앵두사랑-새벽기도·3479」지는 사랑이고 앵두 볼이 되는 일「기도 앵두볼-새벽기도·3480」이 된다.

 탄생의 신비를 노래한 시인은 복중에 짓기 전 이미 탄생하도록 한 그 분에 대한 감사「어머니 앵두 볼-새벽기도·3481」가 된다. 시인은 그래서 어머니가 보고 싶다. 이 어머니 보고 싶음은 물리적인 어머니의 시의 겉모양 이전에 저 먼 그리움이 된다. 그러나 시적 화자는 어머니의 앵두 빛 볼「보고픈 어머니-새벽기도·3482」이 그립다. 물론 아버지가 그립다. 양육을 담당해 주신 아버지가 그리운 존재「어머니의 오-새벽기도·3483」. 어머니 태에서 나온 존재「어머니의 앵두-새벽기도·3485」그 대표적인 전해지는 이야기 희명「희명(希明)-새벽기도·3486」이야기이다. 닮은 앵두「닮은 앵두-새벽기도·3487」들로 가정은 아이가 자라고 어른까지 모두 앵두입술들「어머니 시집「어머니 시집-새벽기도·3488」」「아가야「아가야-새벽기도·3489」」이다. 거기에는 앵두미소「앵두미소- 새벽기도 3490」가 있고 앵두웃음「앵두웃음-새벽기도·3491」」사랑「어머니 사랑-새벽기도·3492」이 있다.

 사랑이 있는 곳에는 먹을 수 있는 식탁「아가하늘-새벽기도·3493」과 들「앵두색 살짝-새벽기도·3494」이 있다. 노래「앵두노래-새벽기도·3495」가 들려오고 이 노래를 듣는 앵두 볼이 있다.

> 마음에 하늘표시 그토록 기인 날을 우리는 함께 있어
> 가슴에 둘이 들어

앵두 빛 가슴으로만
우린 느을
앵두 볼

가슴에 넣어두는 앵두빛 가슴이랑 한시도 나는 너를 너는 날 우리 함께
사랑을 반반씩 그린 동그라미 앵두 볼

늘 나의 곁에서만 늘 너의 곁에서만 우리는 사랑 물을 먹으며 살아가는
그리움 그 모양으로 앵두가슴 앵두 볼
-「앵두 색 - 새벽기도 · 3496」

눈감아 버릴 밖에

꽃망울
망울망울 부풀어 그 내음
눈감아 버릴 밖에
기도에
꽃길 트이는 앵두입술 보이면

내 신부
입술은 꽃 방울이 떨어지고
혀 밑에
꿀과 젖이 흐르고 향, 향 높아
신부야
잠근 동산이요 우물이요 봉한 샘

신부야
이리와라 나의 누이
내 눈으로 한 번 더
구슬의 꿰미로 꿰어 올린 아롱다롱

포도주
향 품 보다 승해 단 꿀 흐르네 앵두 입
-「앵두입술신부 - 새벽기도 · 3497」

아가는 늘 언제나
엄마 젖 그리느라
입술이 앵두 입술
한 모금 물때마다
입술이 앵두입술로 오물오물 거린다
-「앵두입술이 - 새벽기도 · 3498」

분홍빛 분 냄새가 포올 폴 나는 길에
겨울과 여름 사이 그 사이 사는 봄에
졸졸졸 흐르는 봄은 앵두꽃이 필거나

산 벚 꽃 버드나무 몰려든 골짜기에
봄은 또 앵두나무 만들고 사는 봄을
포르르 골짜기마다 앵두꽃이 필거나

봄맞이 따라가면 갈수록 여름으로
도망칠 봄이기에 뒤돌아 나오면서
봄의 등 앵두가 달린 그리움이 필거나
-「앵두꽃 필 무렵 - 새벽기도 · 3499」

옥색의 고무신이
  사알짝 들어났다
    숨었다 하는 동안
      옥색의 젖가슴이
옥색의 치맛바람을 나풀나풀 날린다
-「앵두옥색고무신 - 새벽기도 · 3500」

앵두입술신부 「앵두입술신부-새벽기도·3497」 와 아가의 앵두

입술「앵두입술이-새벽기도·3498」이 있고 앵두옥색 고무신「앵두 옥색고무신-새벽기도·3500」이 있다. 사랑이 있는 곳이다. 하는 일이 사랑이 있다. 이 때 사랑을 주는 자의 마음1)은 늘 아파한다. 배나 되도록 사랑2)을 받는 요셉처럼!

---

1) וְיִשְׂרָאֵל אָהַב(베이스라엘 아하브 · 이스라엘이 사랑하여, CNE VQAMZS, Now Israel loved, Ιακωβ δε ἠγάπα 야곱 아가페 창 37:3)..
2) וְיִשְׂרָאֵל(베이스라엘 , C.NE, Now Israael, Ιακωβ δε, 창 37:3; 렘 10:16).

□ 이영지 시학

현대시조의 서정성
-개화기 이후 1980년대까지의 시조작법 중심으로

이 영 지
(문학박사. 철학박사 시인 시조시인)

1. 처음 말

　오랜 역사성을 가지고 있는 한국전통의 시조장르는 현대에서도 여전히 그 명맥을 유지한다. 본 논문에서는 자연서정을 중심으로 한국고유의 자연서정이 유지됨을 논하고자 한다. 한국은 사계절 있어 이 아름다운 자연을 보면서 시조시인들은 그들의 작품 속에 서정을 쏟아 붓는다. 그러나 개화기 때의 외세에 이한 거친 바람으로 고시조와는 구별되게 되는데 그 이유는 개화기 때의 거친 외세바람으로 인한 이유가 있으면서도 자연을 바탕으로 한 아름다운 서정성이 시조작품들의 귀한 자료를 통해 그 특징을 찾아봄에 이 글의 목적이 있다.
　이 목적을 달성하기 위하여 시조시인들이 첫째 자연을 보고 느끼는 감동, 둘째 자연과 사람이 함께 시조에서 작법상 나타나는 정다움, 셋째 시조작품을 통해 한국인의 조용한 성격이 드러나는 고요함의 정서, 넷째 한국인들이 죽어도 못 버리는 '우리'의 개념이 담기는 시조와 '하나' 큰 의미를 이 글을 통하여 찾아보고자 한다.

2. 본말

1). 느끼는 자연과 정다움의 자연

(1). 느끼는 자연

자연적인 섭리 그대로 느끼는 자연에 익숙한 한국 시조시인들은 그 감사가 그대로 깊이 자리 잡혀 자연 모습 그대로에 대한 느낌을 시에 닮는다. 자연의 아름다움에 대한 감동이다.

> 금강이 무엇이뇨
> 돌이요 물이로다
>
> 돌이요 물일러니
> 안개요 구름일러라
>
> 안개요 구름이어니
> 잇고 없고 하더라
>   - 이은상 『노산시조집』의 「금강이 무엇이뇨」에서

금강이 돌과 물뿐인 금강이다가 안개와 구름으로 느껴져서 있기도 하고 없기도 한다. 이은상은 이은

상의 시조에서는 돌과 물이 안개와 구름으로 대응되면서 리듬을 타고 있고 없고 함에 대한 감동을 그대로 드러내었다.
  이 감동의 경지는 이태극 시조에서도 나타난다.

   어허 저기 물이 끓는다
   구름이 마구 간다

   둥근 원구(圓球)가
   검붉은 불덩이다

   수평선 한 지점위로
   머문 듯이 접어든다

   큰 바퀴 피로 물들여
   반나마 잠기었다

   먼 뒷 섬들이
   다시 훤히 얼리드니

   아차차 채운(彩雲)만 남고
   정녕 없어 졌구나

   구름 빛도 가라앉고
   섬들도 그림 진다

   끓던 물도 검푸르게
   잔잔히 숨더니만

   어디서 살진 반달이
   함(艦)을 따라 웃는고

- 이태극 『꽃과 여인』 시조집의 「서해상의 낙조」 전문

　이태극 시조에서는 물과 구름과 해가 얼렸다가 살진 함으로 드러난다. 자연서정을 그대로 옮긴 이태극과 이은상은 자연을 보고 느끼는 감동에서 일치한다. 노산 이은상은 돌과 물을 소재로, 월하 이태극은 해와 달을 소재로 하였다. 모두 자연의 신기에 감동한다.
　자연을 보고 그 감동의 느낌을 노래한 시인들과 작품집과 시 제목은 다음과 같다.

　　　　정훈의 『벽오동』 시조집의 「동학사 가는 길」에서
　　　　이은상 『노산시조집』의 「천지송」에서
　　　　김기호 『풍란』 시조집의 「거목앞의」 첫수, 「옥녀폭」에서
　　　　정완영 『채춘보』 시조집의 「내장풍산」에서
　　　　정완영 『묵로도』 시조집의 「단풍」에서
　　　　김호길 『하늘환상곡』 시조집의 「풍경」에서
　　　　정순량 『향일화』 시조집의 「단풍」에서
　　　　최진성 『방장부』 시조집의 「세석평전」「점령지에서」에서

　정훈의 「동학사 가는 길」은 물소리 바람소리 새소리의 어울림을, 이은상의 「천지송」은 자연 질서를 느낀다. 김기호의 「거목 앞에서」는 '등걸'과 '샘'을 같은 등가관계리듬으로 한 삶의 신비에 감동한다. 「옥녀폭」은 물이 겨우 스며들다가 벼락에서 '백설'로 부서지는 '황홀'까지의 점층 리듬에 감동한다. 정완영의 「내장풍산」은 희한한 바람을 바라보는

감동이다. 이러한 리듬은 모두 서정적 감동을 가진 시인의 감성에서 비롯된다.

고시조에서나 도덕적 개념의 보편성이나 조선시대 시조에서의 유학적인 자위의 자연과는 다르다. 그리고 일상성을 떠난 초연의 고차적 자위의 세계[1]와도 다르다. 마음의 흐름을 중요시했다. 시는 바로 느낌의 정서이다. 느끼는 감성의 자연의 신비로움을 소재로 한 서정성이다. 이 자연에 전율을 느껴 시조작품이 탄생한 감각적 경지이다.

> 화사한 햇볕 타는 속에
> 꽃물결 노저으며
>
> 살포시 날아든다
> 노랑나비 흰 나비
>
> 파아란 이파리에 나래접고
> 은은한 향기에 입맞춘다
> － 최진성 『호접부』 시조집의 「호접부」

「봄」은 희망의 계절이다. 봄을 즐기는 나비로 보는 시인의 느낌의 서정시이다. 한국인이 지닌 긍정성이다.

> 잎이 버네 꽃잎이 버네

---

[1] 최진원, '강호가도와 풍류' 『성균관대학교논문집』 제 11집(1966), 39.

긴긴 어둠을 깨고
덤불덤불 주저리고

허구한 세월을 딛고
이 한 봄을 손짓하네
  - 이태극 『노고지리』 시조집의 「개나리」에서

 이태극의 「개나리」는 허구한 세월을 딛고 개나리가 한 봄을 손짓하는데 대한 느낌이다. 이태극의 개나리 시조와 정완영의 진달래는 서로 장소가 다르지만 감동 그 자체에 머무른다.

어느 산 어느 골에
진달래 안 피랴만

가야산 맑은 물에
발을 담근 늦 진달래

춘삼월 다 이울었는데
철간 줄을 모르네
  - 정완영 『묵로도』 시조집의 「진달래」

 정완영의 「늦 진달래」는 철간 줄 모르는 진달래가 봄의 소리를 감동[1]으로 받아드린다. 뛰어 오르는 생명[2]이다. 홍문표 학자는 그의 「파동의 우주와 파동의 시학 16에서 "시는 산문보다 강한 공명 공감의 언어적 파동이다(1)"이라 하였다.

---

1) 박용철, '시적 변용에 대하여. 『삼천리 문학』 창간호.
2) 정지용, '시적 옹호' 『문장』 1권 6호.

(2). 정다운 자연

정다운 자연은 시인과 자연, 또는 자연과 자연끼리 서로 자기의 소리를 내며 속삭이는 음성이 들리는 자연이다. 싸우거나 쟁취하는 것이 아니라 서로 정겨운 모습들이 시조작품에서 보이는 예를 들어 볼 수 있다.

> 맑은 시내 따라 그늘 짙은 소나무 숲
> 높은 가지들이 비껴드는 볕을 받아
> 가는 잎 은비늘처럼 반짝인다.
>   - 이병기 『가람시조집』(1939)의 「계곡」에서

> 빼어난 가는 잎 새 굵은 듯 보드랍고
> 자짓빛 굵은 대공 하이얀 꽃이 열고
> 이슬은 구슬이 되어 마디마디 달렸다
>   - 이병기 『가람시조집』(1939)의 「난초」에서

> 우람한 아카시아 그 굵은 가지마다
> 푸르른 천 만 잎 들 빽빽하게 달려 있고
> 흰 꽃에 탐스럽게 송이송이 피었네
>   - 이병기 『망향정』시조집(1940)의 「아카시아」에서

비늘처럼 반짝이는 이슬은 살아있는 생물의 꽃 구슬이 되어있다. 정다웁게 뭉쳐서 있다. 이 시조시인에게는 대상이 반짝 빛나 보인다. 존재들이 서로 빛나며 정다운 사이가 된다.

최승범 시조시인에게서 정다움은 묻어오는 바람결에서다.

닿소리 ㅅ이
묻어오는 바람결

망울 푼 난초 향긴
찰삭이는 자장가

꾀꼬리
노랑 금방울
초록 깁에 굴리고

외롭잖은 손발이
강물처럼 퍼져 가는

산자락 흐르는
물줄기 아지랭일 타고

하이얀
찔레꽃도 이슬에

깃을 터는
푸른 잔치
    - 최승범 『계절의 뒤란에서』 시조집의 「5월 소곡」에서

  시인은 시조작품을 통해 5월 바람결의 향기와 꾀꼬리가 리듬을 타고 깃을 털며 푸른 잔치를 연다. 아지랑이와 이슬이 꽃과 속삭이자 시적 화자도 같이 정다웁다.

나비나래 접어들 듯
따사론 햇살에도
기지갤 켜는

신록의
연푸른 숨결에도
실눈이 흔들리는 속에
개나리 꽃 무더기

순가지 언저리를
송화 가루 날리고
꿀 흐르는 물소리
팔벼게로 누우면
산새들

고운 목청으로
귀에 감기는
가락
　　　　- 최승범 『계절의 뒤란에서』 시조집의 「계곡의 미학」

　최승범의 「계곡의 미학」은 잎들의 '연푸른 숨결'과 '개나리꽃 무더기'가 정다웁다. '송화가루 날리는 솔'과 '물'과 '산새'와 시인이 같이 정다웁다.

가지에선 새싹들이
눈 비벼 깜박이고

땅 속에선 벌레들이
기지개를 켠다

봄 산은 간지럼장이
까르르르 몸을 꼰다
　　　　　　　- 장순하 『묵계』 시조집의 「봄 산」에서

　희망의 봄은 시인에게 기지개를 켜는 계절이고

사랑해도 되나요　169

서로 몸을 대며 까르르르 몸을 꼬는 정도이다. 즐거움이 있다. 이미지화에 익숙하다.

  찰찰찰 시린 물소리
  자욱한 산기슭

  타는 듯 불 밝힌 단풍
  허리 두르고

  산마루
  추청(秋晴)의 하늘을 인
  한 그루 솔
  솔향기
  - 최승범 『여리오신 당신』 시조집의 「찰찰한 시린 물소리」에서

소나무는 솔향기로, 산은 불 밝힌 단풍으로, 물은 찰찰찰 흘러 시린 목소리로 정다웁다. 마음이 시릴 만큼의 차고 그리고 깨끗한 정서가 정다웁다.

  짧은
  꼬리 하얀 바람
  상냥한 말씨
  가벼운 날개의
  구름
  저 하늘
  연못가
  맴도는 고추잠자리
  흩뿌리는
  들깨 향
  - 최승범 『여리오신 당신』 시조집의 「짧은 꼬리 하얀 바람」에서

하얀 바람은 구름과 짝을 지으며 고추잠자리는 하늘에서 들깨의 향기와 정다웁다. 최승범 시조시인은 현대시조로서의 리듬감각을 한결 "숲의 바람이 와서, 아아치를 이룬, 줄 이랑마다의"의 감각어로 한다. 바람이 시인에게로 정다웁게 오고 있다.

시조형식의 절제된 형식 속에서도 무한한 표현의 가능성을 여는 현대시조의 감각성은 시인의 감동까지 겻 들여 긴장과 감동사이 연결을 가능하게 한다.

배병창의 「신록」에서는 꽃이 떨어졌어도 윤기 도는 잎을 시적화자와 같이 하여 정답다. 이복숙의 「조춘」은 시공을 초월한 자연과 시적 화자가 정다웁다. 정태모의 「꽃씨」는 봄을 안고 상자 속에서도 생동하는 삶과, 최진성의 「봄」은 삼동을 이겨낸 봄과 정다웁다. 이도현의 「소곡」은 밝은 미래에 대한 느낌을 자신의 미래의지를 일치시킨다.

자연을 통해 시인이 정다웁게 다가오는 시조들은 어린아이처럼 단순하다. 기쁨과 즐거움과 웃음이 있다. 그리고 애수와 존경까지 겻 들인다. 감정이 뒤범벅[1]이 된다. 영원의 순간을 같이 느낀다.

2). 하나가 되는 조용한 자연과 우리

(1). 조용한 자연
시조시인들은 조용한 편이다. 곧 마음의 안정이 있

---

[1] F. Schiller, über naire und sentnienl alishe Dichtung(1965 Neclorm), 834.

는 시조시인들이다. 절제된 리듬 속에 몸과 마음으로 둘러싼 사물들과 대화할 여유를 즐긴다.

> 매미소리 뚝 그치고 사계화(四季花) 주룩진다
> 천심(天心)엔 구름하나 머무는 듯 지나가고
> 추녀 끝 비인 거미줄 걸릴 것도 없어라
>   - 이호우 『리호우 시조집』의 「한낮」에서

고요한 한 낮에 시인은 모든 의식의 흔들림 없는 일관성을 드러낸다. 가히 도에 까지 이른다. 조용히 천지는 머무는데 마음은 긴 냇물과 더불어 한가로운 경지이다. 마음의 고요는 킷츠^{Keets}가 예찬했던 권태보다는 더 고차적이고 적극적인 마음의 조용함이고 고요함이다.

> 감나무
> 짙은 그늘이
> 우물처럼 피는 한 낮
>
> 외딴집 봉당 방에는
> 아기 혼자 잠이 들고
>
> 뻐꾸기 울적마다에
> 감꽃하나 떨어진다
>   - 정완영 『꽃가지를 흔들듯이』시조집의 「감꽃」

정완영의 작품에서의 그늘은 어두운 그늘이 아니다. 그늘이 둘러서서 말없이 있듯이 아가도 잠이 드는 평온이 있다. 이 고요는 아무 탈 없이 흐르는 조

용함이다.
움직임조차 움직이지 않음보다 더 고요하다.

> 장지 앞 매화가지
> 봄이 도로 겨웁는데
>
> 장독대 항아리를
> 제여금 차린 맵시
>
> 고요히 새는 새벽이
> 그림보다 고와라
> — 이영도 『청정집』 시조집의 「눈」

장독대에 눈이 왔다. 더구나 봄이 새벽의 이미지와 합하면서 그림보다 고운 고요이다.

> 들국화
> 피어있고
>
> 봉우리
> 봉우리
> 흰 구름 피어나고
>
> 호젓한 모퉁이 돌아
> 산새소리 고와라
> — 박병순 『낙수첩』 시조집의 「구룡폭」에서

박병순의 들국화와 흰 구름의 고요는 호젓한 모퉁이의 묘사를 덧붙임으로써 고운 산새소리의 청각적 리듬까지 합한다. 더 더욱 조용한 자연의 아름다움을 만든다. 그리스 신화처럼 초로 붙인 날개로 태양까지 날아가다가 초가 녹아 바다에 떨어져 죽는, 자연에 맞서는 역동성이 아니다. 산새소리마저 자연의 고요 속에 들어와 시인의 마음을 녹인다. 고요 속에 몰입되면서 조용한 시인의 여유로운 한가로움이다.

>스산한 바람결에
>반짝이는 은빛머리
>
>노을을 비켜선
>해맑은 얼굴이여
>
>달빛에
>한가론 손짓
>귀뚜라미 듣는다
>
>— 이복숙 『묵란』 시조집의 「감꽃」에서

이복숙의 「감꽃」은 '바람결에 반짝이는 은빛머리'다. 해맑은 모습으로 느끼면서 바라본 감꽃은 달빛이 비치는 밤에 그 흔들림이 한가론 손짓이다. 이 손짓을 귀뚜라미가 듣는다. 정적 속에서 흔들리는 감꽃으로도 오히려 시인은 한가로움의 여유이다. 시조시인들의 여유로움은 격동적인 사물이미지보다는 조용한 시상을 찾아낸다.

>내 안에
>고인
>목숨
>하늘같이

이쁘다

사슴
발 씻고
간 뒤
잠자리
맴돌다 존다

여름날
물빛을 시세며
오래
꿈을
낚는다

— 한분순 『실내악을 위한 주제』 시조집의 「호수」 전문

  시조시인의 꿈은 고요 속에서만 머물려 한다. 마음은 '하늘같은' 최고의 이쁨이다. 꿈을 낚을 수 있는 곳은 맑고 잔잔한 한 곳이다.
  조용한 곳을 최고의 경지로 하는 시인의 마음이 나타난 작품들은 다음과 같다.

하한주의 『태양의 노래』 시조집의 「봄눈」에서
정재호 『제3악장』 시조집의 「개나리」에서
김기호 『풍란』 시조집의 「거목앞의」에서
이채란 『은행잎 지는 뜨락』 시조집의 「하산계곡」에서
김상훈 『변종원』 시조집의 「적일」에서
최진성 『방장부』 시조집의 「백부동」에서

  위의 시조들은 봄맞이의 기쁨과 고요를 드러낸다. 봄 이미지는 자연의 푸르름과 시인의 희망이 같이

조용하게 자리잡혀있다. 이 특징은 고대로부터의 시조의 특징이다. 그대로 현대시조에서도 잘 계승되고 있다. 고요가운데 질서를 찾는 서정시다. 움직임조차 조용함이 특징이다.

 시조에서는 특유의 '한' '하나' 표현이 잘 나타난다.

> 한 굽이 맑은 강(江)은 들을 둘러 흘러가고
> 기나 긴 여름날은 한결도 고요하다
> 어디서 낮닭의 울음소리 귀살푸시 들려오고
>
> 마을은 우뜸 아래뜸 그림같이 놓여 있고
> 읍(邑)내로 가는 길은 꿈결처럼 내다뵈는데
> 길에는 사람 한 사람 보이지도 않어라
>   - 김상옥 『초적』 시조집의 「강 있는 마을」

'한'구비 강으로 '한 길로 고요하며'로 시조리듬을 채우는 김상옥시조는 어디서 낮닭소리 들려도 오히려 더 조용하다. 어떠한 동적 장면을 꺼내놓아도 여전히 조용하다.

> 봄볕이 호도독 호독
> 내려쬐는 담 머리에
>
> 한 올기 채송화
> 발 돋음 하고 서서
>
> 드높은 하늘을 우러러
> 빨가장이 피었다
>   - 조운 『조운시조집』의 「채송화」

볕이 호도독 호독 분주하게 따갑게 내려 쬐도 한 올기의 채송화 손 모두운 열망의 빛은 염원으로 고요하다.

>뒷곁에
>우물물이
>소리 없이 피는 한 낮
>
>감나무 짙은 그늘
>대궐보다 높은 고요
>
>접시꽃
>타는 눈빛만
>집을 지켜 있었다
>   - 정완영, 『꽃가지를 흔들듯이』 시조집의 「빈집」

정완영의 빈집은 지금 소리 없는 한 낮이다. 이 한 낮에 우물물이 고이고 대궐보다 높은 고요의 조용함 속에서도 접시꽃은 집을 지키는 목적을 위한 이유로 할 일을 다 하고 조용함 속에서도 흘러감이 있다.

>눈이
>살 풋 내려
>운치를 돋구는 아침
>
>창 너머
>송림 속에
>집하나 얽어놓고
>
>소롯이

실눈을 감고
혼자 활짝 웃었다
- 박병순, 『가을이 칠어가면』 시조집의 「봄눈」

「봄눈」에서 시적 화자가 집 '하나' 얽어놓고 혼자 활짝 웃고 있다. 이 웃고 있는 시적 화자는 '눈'이다. 눈은 스스로 고요한 자기 세계를 만들어 확인하고 만족하고 있다.

조용하고 고요한 세계를 만드는 작품이다.

정훈 『벽오동』 시조집의 「귀가」에서
고두동 『황산시조집』 시조집의 「풍경 2」에서
이금준 『기우제』 시조집의 「옹달샘」에서
정완영 『꽃가지를 흔들듯이』 시조집의 「감꽃」「외딴집」
「빈집」「복사꽃」
이도현 『선비의 버리카락』 시조집의 「하늘이 열리면」에서

정훈의 「귀가」는 홀로 빛나는 달을, 고두동의 「풍경 2」는 구름 한 덩이, 이금준의 「옹달샘」은 멧새 한 마리, 정완영의 「감꽃」은 감꽃 하나, 「외딴집」에서는 초가집 한 채, 「빈집」에서는 감꽃 하나, 등 하나가 강조되면서 고요하고 조용하다.

하나라는 개념은 조용함을 수반한다.

아이들은 따라서고
울안아긴 돌아서고

산언덕 지키듯이
나무 가진 웅웅대고

>   노오란 얼음판에는
>   한 낮 해가 조으네
>   - 이태극, 『꽃과 여인』시조집의 「동중정」에서

이태극의 「동중정」에서는 움직이는 모습들을 '하나'로 만들며 조용한 질서를 만든다.

개화기 이후 1980년대까지 주로 마음이 담기는 서정적 작품을 통하여 느끼는 감동의 자연과 정다운 자연과 고요한 자연 질서 작품들이 있다.

(4). 우리의 자연

여기에서 우리라는 개념은 한 울안의 연관성으로 한정한다. 신비로운 생기를 가지고 어떤 것이던 조화하는 단계를 거쳐 주위를 둘러싸는 자연은 나와 더불어 우리이다. 우리를 만든다. 서로의 연관성으로 얽혀지면서 우리를 만들어 낸다.

>   꿈자리엔 꽃이 울고
>   시새우던 바람 자고
>
>   비 개인 이아침을
>   눈물 빚듯 아래 새겨
>
>   그냥 그 눈이 감기는
>   아 섭리의 감촉이여
>   - 이상범, 『일식권』시조집의 「신록에」에서

「신록에」는 바라는 꿈이 있기에 우리가 된다. 섭리로 닥아 오는 우리의 울타리는 절로라는 우리의

의식이다.

> 산절로 절로 수절로 저로 산수 간에 나도 절로 그 중에 절로 자란 몸이 늙기도 절로절로 하리라
> — 김인후, 「자연가」

 사람이 자연의 울타리 안에 들어가는 일은 자연그대로의 삶을 말한다.

> 어제 밤 실실 단비
> 산과 들을 자 적수고
>
> 새 아침 하늘 문 열고
> 종달새 비비비 읊은
>
> 저 언덕 할미꽃 하나
> 고개 들라 함이라
> — 정완영, 『채춘보』 시조집의 「종댈새와 할미꽃」에서

 할미꽃 하나 고개 들기 위해 비가 오고, 종달새 우는 우리의 울타리는 외롭지 않다.

> 산 이마 짚는
> 아지랑이 너그러운 손길
>
> 허 진 골짜길 메운
> 푸른 물노래
>
> 우유 빛
> 꽃 태깔에 이어
> 수근 대는 숲 여울

실버들 눈을 뜨는
연두 빛 숨결로
모질긴 서정도
순히 다스리는 눈매

훈훈한
꽃바람 따라 안팎 없는 한 울안
     - 최승범, 『설청』 시조집의 「꽃바람」에서

아지랑이 너그러운 손길에 실버들이 눈을 뜬다. 모질긴 서정도 순히 다스리는 우리의 둘레이다.

어떻게 태어났을까 막내딸 같은 이놈
빙하 굽이돌아 영겁의 돌문 깨고
고 연한 부리를 들어 해를 손짓하더니
    - 장순하, 『백색부』 시조집의 「앵두나무는 2」에서

막내딸과 앵두나무가 우리가 되어 있다. 가족 우리 둘레이다. 그러기에 우리는 해의 영원성을 향해 손짓한다. 이로 하여 해까지 우리가 된다.

이러한 주제들을 살린 작품들은 다음과 같다.

  변학규 『몸살난 진주』 시조집의 「풀밭」에서
  조재익 『전원』 시조집의 「비룡폭포」에서
  정완영 『꽃가지를 흔들듯이』 시조집의 「까치집」 「동백꽃」
    「종달새가 울어싸면」 「비 온 뒤 맑은 바람은」
  정완영 『채춘보』 시조집의 「뉘랑뉘랑」 「소나기」 「들국화」
    「추풍령」에서
  이도현 『선비의 버리카락』 시조집의 「하늘이 열리면」에서

고개고개 넘어 호젓은 하다만은
풀섶 바위서리 발간 딸기 파랭이 꽃
가다가 닥아도 보며 휘휘한줄 모르겠다.
      - 이병기, 『가람시조집』의 「대성암」에서

피안의 말씀으로 오늘은 눈이 내려라
자꾸만 잃어져 가는 나의 모습 헤다보면
어디라 후광을 쓰듯 빛이빛이 돌아라
      - 이상범, 『일식권』시조집의 「설일」에서

풀빛 치렁한 목도리 장도 거둔 나의 몰골
바람 같은 눈요기며 오만 호사도 접어 두고
깃털린 애정을 불러 으스러지게 포옹하네
      - 윤금초, 『어초문답』시조집의 「탐색 4」에서

우리를 좋아하는 시인들은 우리를 아주 돈독한 사이로 설정한다.

이러한 주제가 실린 작품들은 다음과 같다.

 이영도 『청정집』시조집의「봄 1」「봄비」「흐름 속에서」
 임종찬 『청정곡』시조집의「유자」에서
 정완영 『실일의 명』시조집의「등성이에 올라」에서
 이은상 『푸른 하늘의 뜻은』시조집의「하늘벽」에서
 정재익 『무화과』시조집의 「추월(秋月)」에서
 양상경 『애타는 밤』시조집의「소나무」에서
 조오현 『심우도』시조집의「대령(對嶺)」에서
 김해성 『백제금관』시조집의 「월석(月石)의 노래」에서
 이도현 『선비의 머리카락』시조집의「산」에서
 경 철 『산심의 노래』시조집의「산정」에서
 이우종 『모국의 소리』시조집의 「봄의 연가」에서
 전원범 『걸어가는 나무들』시조집의「숲에 서면」에서

서로 끈끈하게 연결고리를 만드는 우리의 관계는 한국시조에서 자연의 숨소리가 있을 때는 외로움을 느끼지 않는다. 이러한 자연 친화감정은 앓아누운 나의 생각에 이마 끝 짚어오는 산울림이 있어서이다. 나의 형편없는 몰골에도 으스러지게 포옹해주는 자연이 있다. 외로운 인생도 살만하다. 절망의 상태에서 헤메는 나에게 희망을 주는 우리 사이이다. 눈 감아도 떠오르는 고향하늘이며 달이며 살아온 그 언덕길이 우리이다.

　자연이 우리로 되어 있어서 언제나 그리운 이미지로 된 시조시인들의 작품은 인간에의 그리움을 넘어 자연을 그리워하며 이상한 힘을 얻는다. 새 삶의 힘을 얻는다.

　　　　종소리에 동이 트여
　　　　어둠은 엷어가고

　　　　찬바람 째고 가는
　　　　기적소리 번져 가면

　　　　잔 시름
　　　　꿈속에 보내고
　　　　새가슴이 열린다
　　　　　　　　　－ 조재억, 『전원』 시조집의 「새벽」에서

　　　　푸른 물에 씻기는
　　　　새하얀 모래알들

　　　　임자 없는 나룻배에

달빛이 차오르면
물 되어
흐르는 세월
가슴으로 밀린다
　　- 전원범, 『걸어가는 나무들』시조집의 「채석정」에서

김오남 『김오남 시조집』의 「봄 5」
조　운 『조운시조집』의 「설청」에서
최승범 『설청』시조집의 「정(亭)」에서
임종찬 『청산곡』시조집의 「춘심」에서
정완영 『묵로도』시조집의 「초춘」에서
변학규 『변학규 시선』시조집의 「봄바람」에서
김월한 『솔바람소리』시조집의 「아침창」에서
김상훈 『파종원』시조집의 「속 무게」에서

　　이들 시조들의 특징은 새벽이 오는 소리 따라 잔 시름 꿈속에 보내고 임자 없는 나룻배에 달빛이 차오르면 물 되어 흐르는 세월이 가슴으로 밀린다. 그리고 물오른 강가의 오리처럼 나도 깃을 씻는 이들 우리들은 세월의 나이만큼 서로 닮아간다.

보리밭 이랑에 서면
종다리로 울고 싶고

3울 산 춘풍에 오르면
진달래로 타고 싶네

돛달면 인생은 편주
하도 더 먼 청해일까
　- 정완영, 『실일의 명』시조집의 「보리밭 이랑에 서면」에서

볼 여린 사슴의 무리
신화같이 살아온 산

서그럭 흔들리는
몸을 다시 가는 곳에

이 고장 마음 색 띄고
도라지꽃 피는가
　　　　　　- 김제현, 『동토』시조집의 「도라지꽃」에서

  보리밭 이랑에 서면 종다리로 울고 싶고 3월산 춘풍에 오르면 진달래로 피고 싶은 이 끈끈한 관계는 신화같이 살아온 우리 하나의 도라지꽃으로 핀다. 자연이 사람을 손짓하여 부른다.

푸른 도폭
자락 날려
산이 날 오라한다

높은 고개 꺼득이며
산의 품에 안기라 한다

말씀은 아니 하여도
귀에 들리는 그 말씀

멧 더덕 향내 맡으며 머루 다래가 목추기면

내 몸에도 풍기는 내음
햇순 같은 산의 내음

색신(色身)이 흰 구름에 싸여

산이 오라는 대로 간다
- 김상훈, 『파종원』 시조집의 「산이 날 오라 한다」에서

산이 오라면 가야한다는 우리 의식은 가족적인 관계이다. 일상생활 부분이다.

꼭두새벽 마다
두어 걸음
앞서
벼갯머리
머리채에
풀 이슬을 부리거니

타남(他南)땅
잔주름 위에
쑥 내음새를 뿌리거니
- 송선영, 『겨울비망록』 시조집의 「쑥꾸기」에서

김시종 『청매』 시조집의 「청산곡」에서
최승범 『설청』 시조집의 「청매사」에서
이상범 『일식권』 시조집의 「해토기」에서
정완영 『채춘보』 시조집의 「금릉 종다리」에서
이은상 『노란시조선집』의 「관음사」에서
황명륜 『공지에 서서』 시조집의 「운달산운」에서
김정희 『산여울 물여울』 시조집의 「신록에」에서

우리의 관계는 너와 내가 자연에 따라 화답한다. 지나 칠가 타이르는 거리 까지 간다. 복숭아를 정으로 느낀다. 종다리는 나를 이끌어 노래를 시킨다. 나를 이끌고 우짖고, 냇물 소리가 나를 끌고 깊은 골로

간다. 꿈꾸듯 일어앉은 신명의 춤을 보고 괴로움을 씻는다. 나는 봄이 깃듯 달빛과 솔잎 하나 물면 청산으로 앉을 수밖에 없다. 우리는 그렇다.

    그 옛날 대사님
    이절에 와 머리 깎고

    산과 물 정기 받아
    큰 스님이 되신 후에

    불마다 임진왜란을
    몸소 막으셨대요
    - 정완영, 『꽃가지를 흔들듯이』 시조집의 「직지산 그 산 그 물」에서

    오로지 하늘바라
    청산이여 서 있는가

    옹 종기 네 권속들
    날개 펼쳐 마주 쥐고

    흘러가는 세월에 안겨
    오늘날을 맺음인가

    무리 지어 사는 곳에
    네 없이 어이하리

    물줄기 바람소리
    언제나 곁에 두고

    온갖 것 길러 섬기는
    내 벗이여 청산이여

– 이태극, 『꽃과 여인』 시조집의 「청산이여」에서

　　김시백　『추강산조』 시조집의 「계절앞에서」에서
　　이월수　『학연가』 시조집의 「봄비」에서
　　정완영　『채춘보』 시조집의 「섬 사람들」에서
　　정태모　『새 판도를 그려야지』 시조집의 「산보로에서」에서
　　최승범　『계절의 뒤란에서』 시조집의 「설일암」에서
　　정완영　『꽃가지를 흔들듯이』 시조집의 「대추 감 시골아침」
　　　　　　「새자전거」 「아빠가 취한 달밤」에서
　　이태극　『노고지리』 시조집의 「고추」에서

　자연은 정기를 내게 준다. 그러기에 어떤 위대한 일도 나는 할 수 있다. 이 힘은 자연과 울타리 져야만 가능하다. 까투리가 방정떨며 산길을 찾을 때면 청산도 가슴 헤치며 무너지는 숨소리를 낸다. 이 권속이 지닌 힘은 사람이 풀 섶 바위에 둥지 틀고 살게 하고 그 속에서 모든 일을 하게 한다. 온갖 것을 길러 청산을 섬긴다. 무리지어 산다. 없어서는 아니 될 존재이다. 이 관계는 오랜 터전에서 같이 살아온 바의 즐거움이다. 지혜는 대추가 할아버지 기침소리로 자라나듯 자라난다. 우리의 고리는 정이다.

　　　　눈 내린 뒷 날밤은 내 눈물 절로 고이네
　　　　잠안 자는 여울소리 거슬러 오르면 내 어린 날
　　　　아프게 부끄러웁던 실개울이 남아돌아

　　　　어지러운 진달래 꽃그늘에 묻혀 앉아
　　　　청승맞게 뻐꾸기 울던 우리 밀어는
　　　　어여삐 눈 뜬 첫사랑 가슴 울린 메아리

— 박재두, 『유운 연화문』 시조집의 「여울물에」에서

감감히 흘러 보낸
보룡산 내음 띠고

옥양목 두루마기
외사촌과 한나절은

한 십년 거슬러 올라
주막 짓고 앉고 싶다

취하여 싱그러운
밀어랑은 나도 몰라
어느 뉘의 입김 담은
귓 말인가 저 엽 신은

볼 부벼 서로 도타운
하늘가득 하늘소리
— 이상범, 『일식권』 시조집의 「신록원」에서

정완영 『묵로도』 시조집의 「천하추」에서
박평주 『접목소묘』 시조집의 「소낙비 내리는 밤에」에서
이복숙 『묵계』 시조집의 「낙엽」에서
정완영 『실일의 명』 시조집 「설일행-유수하(流水河)」에서
리은방 『다도해 변경』 시조집의 「설악산 기행초」에서
정완영 『꽃가지를 흔들듯이』 시조집 「새들이 몰고 온」에서

 자연과의 관계를 정으로 하는 시인의 마음은 어떤 장소를 통해 추억에 들어간다. 실꾸리 풀리듯 연상 작용을 일으키며 부모를 뵙고 싶고 어떤 대상이 보고 싶다. 내가 아닌 자연이 외로워하기에 가까이 간

다. 어느 틈에 자연과 합쳐진다. 이 우리는 자연이 외로워서 시인을 불러들인다. 그 중에서도 가장 마음이 고운 사람을 불러들인다. 어느새 사람도 자연도 고운 사람이 되어 있다. 따라서 사람이 자연을 따르고 자연도 사람을 따르는 관계가 된다.

    모레 알 만한 인연으로
    구차리 목숨한 생명

    한 개 운석처럼
    묘막을 흐르고 보면

    나 또한
    별무리 속애
    이름 없는 한 싸락,
      - 정재호, 『제3악장』 시조집의 「성좌」에서

    아득한 바다위에
    갈매기 두엇 날아든다

    너훌너훌 시를 쓴다
    모르는 나라 글자다

    넉넉한 하늘 복판에
    나도 같이 시를 쓴다
     - 이은상, 『노산시조선집』의 「나도 같이 시를 쓴다」에서

 존재의 정의를 너무 거창하게 잡지 않고 일상의 하늘에 뜨는 달을 보면서 그리고 별을 보면서 사람의 생애도 너무 거창하게 잡지 않는다. 한 조각 에

돌다가 없어지는 우리의 삶이다.

  그러나 달빛에 대하여는 할아버지의 고고한 삶의 빛이라 했고 달마다 떠오르는 달을 보면서 시적 화자도 마음이 맑아진다 하여 사람과 자연의 모습을 통해 한 가정의 어른이 가진 이미지와 합한다. 해보다 달을 보면서 일어나는 감성 버릇은 한국 전통 의식의 세계이다.

    김월한 『솔바람소리』 시조집 「선상에서-폭포 울릉도」 에서
    리호우 『리호우시조집』 의 「달밤」 에서
    배병창 『이슬과 송학』 시조집의 「낙엽-추풍감별곡」 에서
    이복숙 『이복숙시조집』 의 「가을」 에서
    김해성 『백제금관』 시조집의 「향리」 에서
    조오현 『심우도』 시조집의 「일불이문(一不二門)」 에서
    이은상 『푸른 하늘의 뜻은』 시조집의 「난초」 에서
    장순하 『백색부』 시조집의 「봉천 답(畓)타령」 에서
    최진성 『호접부』 의 「선창에서」 에서
    변학규 『변학규시선』 시조집의 「눈」 에서
    이상범 『묵향가에 미닫이가에』 시조집의 「밤의 소사」 에서

중추월 밝은 달은 해마다 보았건만
올해 중추월은 어이 이리 밝으신고
밝고도 밝은 달이라 고운님을 보고파
        - 양상경, 『애타는 밤』의 「월하음」에서

자리에 다시 누워 자는 듯 눈 감으니
하늘에 떴든 달이 내 품 안에 안겨 있고
지는 잎 부는 바람이 이 밤 새자 하더라
        - 양상경, 『애타는 밤』의 「애타는 밤」에서

달을 소재로 한 시인의 마음은 님을 대한 듯 정겨웁다. 달을 통해 마음이 덩어리로 무게 되어 있다. 이처럼 자연을 보면서 생각이 일어나는 경지는 그곳에서 생활한 지난날의 추억 때문이다.

잊은 벗도 돌아오는
눈물 도는 시절까지

하나의 껍질을 벗고
눈 뜨는지 몰라

하마 먼 종달이 울음
질러가는 생각
  - 김호길, 『하늘 환상곡』의 「봄생각」에서

눈 오시는 날에
절두산 기슭을 거닌다

푸르디푸른 강앞에
목숨의 길을 듣는다

뜨거워
오히려 찬 이마
그 사랑을 듣는다

달리 사루지도 못하고
피 뿌리지도 못하고

다만 주여 주여
뜨물 같은 목마름에

또 하나
나를 겨루어
등이 굽은 예순 해다
　　　　- 이영도, 『언약』 시조집의 「흐름 속에서 9」에서

　목숨의 존귀성이 상실된 시대의 아픔 앞에서 시인은 달리 어떻게 할 수 없는 목마름으로 서 있다. 오히려 뜨거워서 찬 이마의 이성을 감지하면서도 인간이 갖는 세월의 연민을 느낄 뿐이다. 슬픈 역사 앞에서, 종교적 핍박 앞에서 오히려 살아있음에 대한 고마움 보다는 한계성을 절감하는 시인의 마음은 동질적 마음깊이를 시로 잇게 한다.
　이러한 소속개념은 우리 공동체들이 겪는 연계선상에 있다. 사람이다가 자연과 사람이 동일시되는 우리 한 민족의 테두리는 정답게 정을 주고 살아온 서정인 들이다. 분열과 분쟁이 아니라 삶에 대한 정겨운 땅에서 살아온 나날의 일기이다. 지금까지의 현대시조에서의 느끼는 감동의 자연과 정다운 자연과 고요한 자연과 우리 자연을 대별한다.
　느끼는 자연은 객관적 표현이되 감동이 들어가 있다. 정다운 자연은 각기가 자기의 소리를 내되 싸우지 아니하고 정답게 어울린다. 소곤소곤 작은 목소리로 소리를 하나 더하는 자연이다. 고요한 자연은 조용함을 즐기는 민족성에서이다. 우리 미족의 자부심이다. 평화를 좋아하고 싸움을 싫어한다. 그러기에 긴 역사성이 있다. 고요함이 되기까지에는 갈등, 고난, 가난, 슬픔을 넘어선 고요이다. 알고도 넘기는 덤덤함이다. 시조시인들은 조용히 움직이는 것을 좋아한다.

　우리는 우리라는 말을 좋아한다. 시조 속에서 다량으로 찾아진다. 우리 테두리 속의 부분을 즐긴다. 말하자면 순종을 즐긴다. 한울타리 안에서 즐기며 산다. 자연과 사람이 한 울타리이다. 가족관계이다. 무수한 외침을 받으면서도 결코 나라를 멸망시키지 않는 단속 우리의 울타리는 우리를 지켰다. 전 민족이 단결하여 인위적인 싫어하는 만큼의 자연을 결속을 우리는 좋아한다.

　　- 이 글은 1981년 「시조문학」 봄 호에 실린 현대시조에 나타난 자연사상 -작법 상에 나타난 자연을 중심으로-를 수정한 것임

□ 저자 약력 문학박사 · 철학박사 · 시인 · 시조시인

저서: 『한국 시조문학론』(1996) 『이상시연구』(1997) 『시조창작리듬론』(1997)
『물에 대한 신학과 문학의 비교연구』(2008) 『물의 신학과 문학』(2013)
『물의 신학과 물의 시학』(2017) 『이상시학연구』(2017) 『한국 시조시학 연구』(2017))
『한국시조 문예미학 연구』(2020) 『물마임의 시학』(2023) 『이상시학 일어나라』(2023)
시조집: 하오의 벨소리』(1989) 『행복의 순위』(1997) 『행복행내님네』(1998)
『일곱 금 촛대위에 행복』(1999) 『행복보라』(2000) 『두 천년을 사는 행복』(2001)
『키스하지 않은 결혼의 행복』(2002) 『하나님의 행복한 연출』(2007)
『행복의 물을 먹으며, 사랑으로』(2008) 『사랑이랑행복이랑』(2015)
『사랑비비행복』(2015) 『알았아와요 이브』(2016) 『장미와 앵두』(2017)
『그냥좋아』(2023) 『잉어이랑』(2023) 『약시』(2023)
전자시집: 『행복함에 든 사랑받으세요』(2013)
    http://ebooks.dsb.kr/ecatalog.php?Dir=b35ae1d4324f
  『행복코를 맞대고 사랑우산을 쓰면』(2011)
    http://ebooks.dsb.kr/ecatalog.php?Dir=573285fe9a41
  『행복잔찰찰랑사랑찰랑』(2013)
    http://ebooks.dsb.kr/ecatalog.php?Dir=136f07eb0584
  『드림행복』(2013) http://ebooks.dsb.kr/ecatalog.php?Dir=88422e17faf2
  『햇살보쌈』(2013) http://ebooks.dsb.kr/ecatalog.php?Dir=c81be94b072b
  『사랑너는』(2014) http://ebooks.dsb.kr/ecatalog.php?Dir=2c3e96e0258b
  『사랑비비』(2014) http://ebooks.dsb.kr/etalog.php?Dir=b35ae1d4324f
    http://ebooks.dsb.kr/ecatalog.php?Dir=f0263133483e
  『첫사랑이』(2016) http://ebooks.dsb.kr/ecatalog.php?Dir=b71146d90190)
    http://ebooks.dsb.kr/ecatalog.php?Dir=b71146d90190
  『알았아와요 이브』(2016)   http://ebooks.dsb.kr/ecatalog.php?Dir=4be2651e9e0f
  『사랑사과』(2016) http://ebooks.dsb.kr/ecatalog.php?Dir=966027dd3f04
    작가전용 무료열람(작가 개인 소장용) 고유 주소
    http://ebooks.dsb.kr/ecatalog.php?Dir=966027dd3f04
  『사랑일기 포오란 사랑두께』(2016) http://ebooks.dsb.kr/ecatalog.php?Dir=2b8de50427c4
    http://contentsmall.kr/contents/index.html?no=1091
    http://ebooks.dsb.kr/ecatalog.php?Dir=4be2651e9e0f
전자저서: 『물은 생명이다의 문학과 신학의 비교』(2012)
    http://ebook.pknu.ac.kr/FxLibrary/product/view/?num=130600953
  『한국인이 복을 받는 이유는 따로 있다』(2012)
    http://ebook.kookmin.ac.kr/FxLibrary/product/view/?num=G0005468
  『이상시 오감도의 구조와 상징』(2013)
    http://dsb.kr/print_paper.php?number=6953
    http://ebooks.dsb.kr/ecatalog.php?Dir=573285fe9a41
전자수필집: 『행복에 대하여』(2016)
    http://ebooks.dsb.kr/ecatalog.php?Dir=6cbb0f9aa744
    http://ebooks.dsb.kr/ecatalog.php?Dir=9f4df216321c
  『추석선물』(2016) http://ebooks.dsb.kr/ecatalog.php?Dir=6cbb0f9aa744
    http://contentsmall.kr/contents/index.html?no=1019
학위논문: 문학박사: 이상 시「오감도의 구조와 상징에 관한 연구」명지대학교(1985)
         철학박사: 「물의 초월성과 현실성과 회복성에 관한 연구」 서울기독대학교
              -사랑의 U리듬을 중심으로」(2008)

사랑해도 되나요
이영지 시집

2025년 9월 20일 인쇄
2025년 9월 20일 발행

지은이 이 영 지
펴낸이 신 용 호
펴낸곳 창조문학사

서울 서대문구 홍은동 397-26 동천아카데미 5층
등록번호 제1-263호
　　전화 374-9011, Fax 374-5217
공급처 한국출판협동조합 전화 716-5616~9

저자와 협의에 의해 인지를 생략합니다.
파본은 바꾸어 드립니다.
　　값 10,000원
　　ISBN 978-89-7734-817-2(03810)

10.000원